HOLZBAU AG

weil Holz sinnlich ist ...

1961–2011
50 Jahre Holzbau AG Braunwald

Im Jahr 2011 feiert die Holzbau AG Braunwald ihr 50-jähriges Bestehen. Wir sind stolz darauf, bereits in der zweiten Generation an diesem besonderen Ort tätig zu sein und anspruchsvolle Bauten und Renovationen für unsere Kunden auszuführen. Unzählige Häuser in Braunwald tragen unsere Handschrift. Zahlreichen Lehrlingen konnten wir über die Jahrzehnte einen Ausbildungsplatz bieten. Unser Erfolg ist auch der Erfolg unserer engagierten Mitarbeitenden und treuen Kunden, die traditionelle Werte wie Sorgfalt, Zuverlässigkeit, Vertrauen, persönlichen Service und Qualität nach wie vor hochhalten.

Es freut uns, Ihnen zu unserem Jubiläum diesen aussergewöhnlichen Bildband des Fotografen Fridolin Walcher, der in Braunwald aufgewachsen ist, zu überreichen.

Mit diesem schönen Fotoband möchten wir unseren langjährigen, treuen Kunden, Mitarbeitenden, Freunden und Geschäftspartnern eine Freude machen – allen, die in unserer magischen Bergregion leben oder hier ihre Ferien und Freizeit verbringen und diese einzigartige und kraftvolle Felsenlandschaft lieben und zu schätzen wissen.

Holzbau AG Braunwald

Markus und Ruth Hefti

Holzbau AG Braunwald
Bätschenstrasse 4
8784 Braunwald
Telefon 055 643 31 40
Telefax 055 643 24 50
info@holzbauag.ch
www.holzbauag.ch

Fridolin Walcher

VERTIKALE EBENEN

Felslandschaften in den Glarner Alpen

Mit Texten von Otto Brühlmann,
Nadine Olonetzky und Rahel Marti

Helden Verlag

Nadine Olonetzky

VOR DEN VERTIKALEN
ZU DEN FOTOGRAFIEN VON FRIDOLIN WALCHER

Es muss da Irrwische geben. Sie sausen wie die Verrückten den Felswänden entlang, halsbrecherisch schnell hinauf in den wolkenverhangenen Himmel. Sie huschen über nasse Wiesen, streifen an verhuddelten, von Flechten bewachsenen Tännchen vorüber, sie tarnen sich mit Nebel- und Dunstschwaden und schleichen, auf diese Weise verhüllt, in den Tälern herum. Sie schweben vor der zerklüfteten Vertikalen der Wiggis-Wand, tanzen in den Lüften um den Glärnisch, lachen sich kaputt über Eis und Schnee, Wind und Wetter. Vielleicht sind es verlorene Seelen, vielleicht durchsichtige Witzbolde, die uns nur narren wollen: So flüchtig sie auch sein mögen, und auch wenn kein menschliches Wesen sie je hat fassen können – durch Fridolin Walchers Fotografien von den Glarner Felswänden und Hochebenen wird ihre Existenz glaubhaft.

Schleierartig schweben da Wolkenfetzen vor vereisten, mit Schnee überstäubten Felsformationen. In Schichten türmt sich der Stein auf, ragt in den Himmel oder geht auf in den Schwaden, die an Regentagen zwischen den Wänden hängen. Zuweilen bewirkt ein Wintertag auch hartes Licht an den Bergflanken, sodass Schatten auf dem Weiss des Schnees liegen, der gleissend hell sein kann. Fridolin Walcher richtet den Blick zum einen aus Distanz auf die dramatisch in die Höhe strebenden Wände; beobachtet sie konstatierend, skeptisch mitunter, bewundernd manchmal. Zum anderen führt er sie aber auch aus der Perspektive des Bergsteigers, der am Fels klebt, vor Augen – im engen Ausschnitt. Mit der Kleinbild- und, häufiger, der Mittelformatkamera fotografiert und in einer Grösse von 70 × 70 Zentimeter präsentiert, werden die Felswände als detailreiche Struktur, als All-Over aus differenzierten Schwarz-, Grau-, Weisstönen lesbar (Bild 2 und 3). In den Panoramabildern dann sind Felsformationen, Kiesel- und Geröllhalden als rhythmisierte Querflächen gestaltet, die mit den Augen erwandert werden können (Bild 19). In Walchers Bildern ist die jahrtausendealte Schleifarbeit der Gletscher und Schmelzwasser zu sehen und ab und zu – manchmal sanft, fast unsichtbar, manchmal brutal deutlich – Zeichen menschlicher Anwesenheit: die geschwungenen Spuren von Skiern, die gepunktete Linie einer Schafherde, eine Strasse mit Lawinenverbauung, ein Steinbruch mit Terrassen, ein altes Wehr in der Schlucht oder der Beton einer hohen Staumauer, wo künstlicher auf natürlichen Stein trifft, Grau auf Grau.

Fridolin Walcher, 1951 in Braunwald geboren und auf 1400 Meter über Meer auf einer Sonnenterrasse des Ferienorts aufgewachsen, kommt als 13-Jähriger ins Tal, nach Glarus. Direkt hinter den Häusern streben die Felswände in die Höhe. «Die Landschaft ist aufgestellt wie eine Kulisse», sagt er. Und erinnert sich: «Es war ein Schock. Ich habe aus dem Schauer, der einen erfasst, aus dieser Angst heraus, begonnen, mich mit den Felswänden zu beschäftigen.» Unter den Nachbarn ist damals der Fotoreporter Emil Brunner (1908–1995), der in Braunwald auch ein Lädelchen für Kameras und Postkarten betreibt und heute vor allem wegen seiner ergreifenden Bergkinderporträts[1] bekannt ist; ihm kauft Walcher mit 14 seine erste Kamera ab, eine Kodak Retinetta. Brunner, der im Sommer braungebrannt in Unterhosen auf dem Balkon zu sitzen pflegt und seine Artikel in die Schreibmaschine tippt, weckt nicht nur das Interesse für die Fotografie. Mit seinem alljährlichen Aufbruch zu einer grösseren Reise verbreitet er so etwas wie den Duft der weiten Welt. Walcher schnuppert, steckt sich mit diesem Fieber an, und mit 16 entwischt der Schlingel der Schule, reist nach Russland und steckt den Rüffel, den es hinterher setzt, als notwendiges Übel weg. «Ich begriff, dass man mit der Kamera die Welt entdecken kann.»

Fridolin Walcher wächst in einem künstlerischen Milieu auf: Der Vater ist Schriftenmaler, stirbt allerdings früh und hinterlässt zahlreiche Aquarelle, die Mutter ist Weberin. Sie beherbergt in den Ferienwohnungen des Hauses «die halbe Welt», erzählt Walcher. Neben Emil Brunner ist auch die Fotografendynastie Schönwetter[2] in Braunwald präsent. Fridolin Walcher wird jedoch zuerst Primar-, dann Reallehrer, ist auch passionierter Bergsteiger und als Skilehrer tätig und – reist immer wieder. Er reist nicht um des Reisens willen, sondern weil er an bestimmten Orten arbeiten will, ein Ziel hat. So verlässt er von Zeit zu Zeit die Glarner Talböden, Felswände, Schluchten und entdeckt während eines Jahrs die Weiten Nordschwedens und Frankreichs, lebt einige Zeit in Senegal oder reist mehrmals nach Brasilien. Der Weitgereiste gewinnt einen anderen Blick auf die Vertikalen vor seinem Haus.

Neben seiner Arbeit als Lehrer fotografiert Fridolin Walcher. Aus der Leidenschaft wird eine Profession, 2002 hört er ganz auf zu unterrichten und fotografiert fortan ausschliesslich, wobei die Glarner Berge immer nur eines von mehreren Themen sind. Das erste Buch, das ab 1990 ebenfalls zusammen mit Otto Brühlmann entsteht, ist «Glarus – einfach»[3], Walcher noch hauptberuflich Lehrer. Seine Fotografien zeigen die stotzige Landschaft, zerschnitten von Strassen, eingestäubt im Schnee, das industrialisierte Glarus mit Fabriken, Eisenbahnen, Strommasten, das bäuerliche Leben mit Kühen und Schafen, Weiden und Versteigerungen und die Menschen: Lehrer, Bäuerinnen, Schulkinder, Fabrikarbeiter, Künstlerinnen, Jäger, Priester, Metzger. Der Kirchturm von Netstal (Bild 4) hebt sich da schon von der verschneiten Felswand ab. Dass er mit den Augen desjenigen, der andere Lebensweisen und Länder gesehen hat, die eigene Landschaft betrachtet, ist ihm wichtig. Die Distanznahme verändert das Herantreten an dieses im Wortsinn nahe liegende Sujet. «Ich bin am Lesen der Felswände», sagt er auch heute, und das klingt, als habe das zwar schon vor langer Zeit begonnen, sei aber noch längst nicht abgeschlossen. Jeden Tag entdeckt er neue Lichtverhältnisse, Strukturen, Grauwerte, Farben. Der Berg erscheint in schier unendlichen Variationen, je nach Wetter, Jahres- oder Tageszeit. Und je nach seelischer Verfassung des Fotografen, möchte man anfügen, denn die Landschaft reflektiert Stimmungen, man muss nur genau hinschauen.

Die Felswände mit der Kamera «lesen», die Berge betrachten und sie in ihrer Schönheit und Bedrohlichkeit festhalten, das haben vor und neben Fridolin Walcher viele Fotografen getan. Die Alpen sind seit den 1980er-Jahren ein wiederkehrendes Motiv in der Dokumentarfotografie und der Fotokunst, ja sie sind zu einem eigentlichen Modethema geworden. Ebenso wie die Architektur von Grossstädten oder Agglomerationen wird die Natur und die vom Menschen teils stark geprägte, landwirtschaftlich genutzte Landschaft im Bild diskutiert. Angesichts wachsender Urbanisierung, aussterbender Tier- und Pflanzenarten, in Rekordtempo schmelzender Gletscher und einem von der Natur entfernten Leben in eben jenen Städten und Vororten werden die scheinbar unberührten Berge zur zerklüfteten Projektionsfläche für viele Sehnsüchte. Ihre Erhabenheit und Stille, ihre schlichte Grösse und die reale Gefahr, die dem Menschen dort drohen kann, rücken wohltuend die Dimensionen der Alltagssorgen zurecht – dies allerdings schon seit der beginnenden Industrialisierung im 19. Jahrhundert, die auch in Glarus die Landschaft und das Leben stark verändert hat. Vor diesem Hintergrund beruhigt die scheinbar intakte Natur die Seele, den Geist, aber auch das Gewissen der hektisch tätigen Menschen, die nichts Besseres zu tun haben, als selbst auf den höchsten Gipfeln der Erde noch Müll zu hinterlassen.

In der Schweiz, wo die Alpen einen grossen Teil der Landesfläche einnehmen, prägen sie, wie könnte es anders sein, das Lebensgefühl nicht nur der Bergbevölkerung. Daraus zu schliessen, die Schweizer Fotopioniere hätten in den Anfängen des Mediums das vor ihrer Haustür liegende Motiv bevorzugt, wäre allerdings falsch. Man widmete sich weitaus häufiger den Städteansichten oder der boomenden Porträtfotografie für das Bürgertum und überliess das Feld der alpinen Fotografie mehr oder weniger den Engländern und Franzosen[4], wobei Erstere ja auch den alpinen Tourismus in der Schweiz begründeten. Die in den Bergen lebende Bevölkerung nahm (und nimmt!) die Alpen selbstverständlich anders wahr als die sogenannten Unterländer oder die Touristen aus dem Ausland. Von diesen lange als lebensbedrohliches Hindernis auf dem Weg vom Norden in den Süden Europas betrachtet, verwandelte sich die feindliche Bergwelt – durch die britischen Tourismuspioniere vorab und als Reaktion auf die Industrialisierung – in eine mythisch überhöhte Ideal-Landschaft, die in Gemälden und später Fotografien nicht nur dargestellt, sondern geradezu erschaffen wurde. Die Angst wich der Verehrung. Die heute überall verbreitete Ikone des Matterhorns etwa musste zuerst einmal so gesehen und festgehalten werden, um das Horn in den Berg der Berge (und in die Toblerone-Werbung) zu verwandeln.

Einer der wenigen Schweizer war damals der aus Neuenburg stammende Daguerrotypist Jean-Gustave Dardel (1824–1899), der den an Geologie und Glaziologie interessierten Textil-Industriellen Daniel Dollfus-Ausset auf mehreren Expeditionen begleitete und 1849/50 Bilder von Berner Oberländer Gletschern ins Unterland brachte. Das Hochgebirge aus der Nähe darzustellen, war mit grossen Strapazen verbunden: Die Kamera und das schwere Fotomaterial hinaufzuschleppen, vor Ort Bilder zu entwickeln und alles wieder heil hinunter ins Tal zu bringen, hiess Alpinismus, naturwissenschaftliche Forschung und Fotografie zu verbinden, wobei zuerst dokumentiert wurde, was für die Forschung interessant war. Bereits deutlicher malerische Bergaufnahmen machte ab 1852 der deutsche Fotograf und Kupferstecher Friedrich von Martens (1809–1875), der sich bei seinen Bergfotografien – es waren Salzpapierabzüge – von den damals beliebten Lithografien und Gemälden mit wildromantischen Darstellungen der Alpen leiten liess.

Zu den frühen Schweizer Fotografen, die nicht nur hervorragende Alpenbilder machten, sondern auch kommerziell erfolgreich waren, gehörten die Gebrüder Wehrli[5] aus Kilchberg. Bruno (1867–1927), Harry (1869–1906) und Artur (1876–1915) waren – kein Zufall – alle leidenschaftliche Alpinisten. Sie brachten ihre Bilder als Postkarten heraus und popularisierten damit das Sujet in bis dahin nie dagewesenem Ausmass. Eine vollkommen neue Perspektive auf die Berge lieferte dann etwa zeitgleich der Ballonpionier Eduard Spelterini (1852–1931). Eine schillernde Figur im Gesellschaftsleben der Zeit, glitt der Abenteurer und Fotograf im Ballon über die Alpen und führte einer masslos beeindruckten

Öffentlichkeit ihre majestätische Schönheit aus der Vogel- beziehungsweise Flugperspektive vor Augen.[6] Spelterinis am 3. August 1913 gemachte Aufnahme von der Ostwand des Balmhorns ist mit Fridolin Walchers Arbeit durchaus verwandt: Fast senkrecht fällt die Felswand ab, in den ausgeschliffenen Ritzen sitzt mancherorts Schnee. Das aus heutiger Sicht radikal moderne Bild ist im Vorbeiflug aufgenommen und zeigt einen Ausschnitt des Bergs, ein fast abstraktes Helldunkel von Fels und Schnee.

Sprung um fast hundert Jahre in die Gegenwart: Während Balthasar Burkhard (1944–2010) vom Flugzeug aus die Berggipfel und Gletscher des Bernina-Gebiets[7] in Bilder bannte, die Erstaunen, Bewunderung, ja Verehrung für diese über den banalen Niederungen des Alltags sich erhebende Bergwelt ausdrücken und das Gebirge als Gebiet der Reinheit und Kraft geradezu kontemplieren, betreiben der in Genf lebende Nicolas Faure (*1949), der Davoser Jules Spinatsch (*1964) und der aus Lausanne stammende Joël Tettamanti (*1977) eher eine Entmystifizierung der Berge[8]. Sie zeigen die Infrastruktur für Tourismus, (Winter-)Sport und Verkehr und thematisieren damit – zuweilen mit ironischer Note – die Urbanisierung, Kommerzialisierung, die Bezwingung und Ausbeutung der Bergregion.

Fridolin Walcher nimmt hier eine Mittelstellung ein. Zwar sind in seinen äusserst sorgfältig aufgenommenen und vergrösserten Schwarzweissbildern das Geheimnis und die Erhabenheit spürbar, die Burkhard regelrecht zelebrierte und die der amerikanische Landschaftsfotograf Ansel Adams (1902–1984) mit religiösen Gefühlen oder den Träumen von einer idealen Gesellschaft verglichen hat. Angesichts scheinbar unberührter Natur – oder ihrem Bild – wird der Mensch bescheiden und stumm, begreift einerseits, wie sehr er Teil und abhängig ist von dieser gegebenen Umgebung, wird aber andererseits über den Alltag hinausgehoben: Er erlebt Momente der Klarheit, in denen Wichtiges von Unwichtigem geschieden wird, Ideale deutlich werden. Auch Fridolin Walchers Bilder vermitteln diese ewige, den Menschen überdauernde Kraft. Doch er feiert die Berge nicht als ideale Landschaft. Auch wenn er die Schieferplatten oder die Kiesel- und Steinbrockengebiete beim Muttsee (Bild 23 und 24) meditativ-reduziert wie japanische Steingärten vor Augen führt und wenn manche Fotografien der Wiggis-Wand (Bild 5 und 6) oder des Glärnisch (Bild 40) die Existenz von Geistern nahelegen: Seine Bilder vermitteln auch das ganz real Schroffe und Feindliche dieser unzugänglich wirkenden Felswände mit ihren Eisbärten, Felstürmen und Geröllhalden, den Abgründen und weit entfernt in den Wolken verschwindenden Gipfeln. Ihre Gewalt, das Potenzial der Bedrohung wird nicht gefeiert, sondern als Wirklichkeit nachvollziehbar. Auf der anderen Seite zeigt er die Berge auch nicht als Freizeitpark für stadtmüde Touristen. Seine Bilder haben nichts Ironisches, wenn er eine Strasse (Bild 20 und 28) oder ein Wehr (Bild 38) in den Fokus nimmt. Vielmehr ist eine Form von Sorge oder Trauer spürbar, wenn er, wie im Gebiet des Muttsees, wo derzeit eine Staumauer gebaut wird, auch ihre Verletzlichkeit zum Ausdruck bringt. Die karge, in ihrer Rauheit noch unversehrt wirkende Landschaft wird sich in den kommenden Jahren durch die Ausbeutung der Wasserkraft vollkommen verändern. Fridolin Walcher dokumentiert diese Wandlung nicht nur mit Reportagebildern, sondern auch mit Fotografien, die gleichsam eine Meditation über die im Verschwinden begriffene Landschaft sind.

Glärnisch, Wiggis, Tödi, Ortstock, Mürtschen, Nüschenstock oder Muttsee: Fridolin Walcher stellte und stellt sich in immer wieder neuen Anläufen den Vertikalen vor seiner Haustür und sucht intensiv nach Bildern, die die Bergflanken in ihrer Wandelbarkeit, ihrer Schönheit und Rätselhaftigkeit festhalten, sie auch als Spiegel seelischer Stimmungen deuten. Diese anhaltende Beobachtung der Felswände – eine Auswahl zeigt dieses Buch – führte zu einer vielleicht unerwarteten, aber nahe liegenden Erkenntnis: «Die Glarner», sagt er, «haben die Felswände ja nicht nur vor den Augen, sondern auch im Rücken. Wie Ahnen. Und so sind sie auch stärkend.» Sie versperren nicht einfach die Sicht, sie geben Rückendeckung, Halt. Auch davon erzählen Fridolin Walchers Bilder.

JUNI 2010

---

[1] Vgl.: Emil Brunner, *Bergkinder – aus dem Archiv eines Fotoreporters 1943/44*, hrsg. von der Fotostiftung Schweiz, Limmat Verlag, Zürich 2004.

[2] Vgl.: *Foto Schönwetter Glarus – Fotografien und 16-mm-Filme aus dem Nachlass Schönwetter 1897–1996*, hrsg. von Elsbeth Kuchen und Kaba Roessler, Limmat Verlag, Zürich 2001.

[3] *Glarus – einfach*, hrsg. von Alfred Schneider, Verlag Paul Haupt, Bern 1994. Fridolin Walcher publizierte seine Fotografien in der Folge in mehreren Büchern, u. a. in: *Welten aus Fels und Eis – Alpine Fotografie in der Schweiz. Geschichte und Gegenwart*, hrsg. von Paul Hugger, Verlag Neue Zürcher Zeitung, Zürich 2009, S. 267–281; Fridolin Walcher, Martin Beglinger, *Von Glarus nach Belo Horizonte – Wie Schweizer Familienbetriebe global mitspielen*, Verlag Neue Zürcher Zeitung, Zürich 2007; Pasqualina Perrig-Chiello, Fridolin Walcher, *In der Lebensmitte – Die Entdeckung des mittleren Alters*, Verlag Neue Zürcher Zeitung, Zürich 2007.

[4] Vgl. dazu den kenntnisreichen Artikel von Peter Herzog «Zur Frühgeschichte der Fotografie in der Schweiz. Die Kamera erobert die Alpen», in: *Welten aus Fels und Eis – Alpine Fotografie in der Schweiz. Geschichte und Gegenwart*, hrsg. von Paul Hugger, Verlag Neue Zürcher Zeitung, Zürich 2009, S. 25–41.

[5] Vgl.: *Gerbrüder Wehrli, Pioniere der Alpin-Fotografie*, hrsg. von Paul Hugger, Limmat Verlag, Zürich 2005.

[6] Vgl.: *Eduard Spelterini – Fotografien des Ballonpioniers*, hrsg. von Thomas Kramer und Hilar Stadler, Verlag Scheidegger & Spiess, Zürich 2007; *Eduard Spelterini und das Spektakel der Bilder – Die kolorierten Lichtbilder des Ballonpioniers*, Verlag Scheidegger & Spiess, Zürich 2010.

[7] Vgl.: *Balthasar Burkhard*, Publikation zur Ausstellung des Kirchner Museums Davos 2003, Verlag Scheidegger & Spiess, Zürich 2003.

[8] Nicolas Faures Aufnahmen von Touristen in den Walliser Alpen zeigen die Bergwelt als Freizeitpark. Jules Spinatschs Serie «Snow Management» untersucht, wie die Landschaft für den Tourismus zurechtgemacht wird.
Zur Organisation des WEF in Davos: Jules Spinatsch, *Temporary Discomfort Chapter I–IV*, Lars Müller Publishers, Baden 2005. Zu Joël Tettamanti vgl.: Joël Tettamanti, *Davos*, Verlag Scheidegger & Spiess, Zürich 2009.

Was entscheidet darüber, wer wir sind: wohin wir gehen
oder woher wir kommen?

1

Hast du das auch schon gespürt: dass in der Grossartigkeit
und Ruhe der Berge das Einzige, das nicht dazugehört,
du selber bist?

Was liegt zwischen der sprachlosen Welt des Tiers
und der Bewusstseinshelle des Menschen?
Was zwischen dem Empfinden des Säuglings
und dem Wissen des Erwachsenen?
Was zwischen Nichtbegreifen und Verstehen?

Übergänge, Dämmerungen: Wie schön ist am Morgen
die unaufhaltbare Heraufkunft des Lichts, wie ergreifend
der Abend, wenn langsam der Tag in die Nacht hinein-
schmilzt.

Die Gipfel, von denen aus es in allen Richtungen
abwärts geht, haben mich kaum je gelockt.
Immer habe ich die Übergänge und die Durchgänge
gesucht, die Pässe, die Lücken, die Furten.
Damit weiss ich mich verwandt mit den Geschicken
aller Völker zu allen Zeiten – und mit dem Plan
des Lebens überhaupt.

In der Mittagshitze einen steilen Hang hinaufklimmen,
eine öde Geröllhalde queren: Warum tu ich das freiwillig?
Empfinde ich die Überwindung von Unlust als Lust?
Verlockt mich das Menschenferne, das Menschenfeindliche,
das Menschenleere?

Mut und Besonnenheit müssen sich die Waage halten.
Wo mehr vom Ersten ist, braucht es auch mehr
vom Zweiten. Wer mutig ist, ohne besonnen zu sein,
wird verwegen. Wo Besonnenheit den Mut überwiegt,
erlischt die Tatkraft.

Felswände sind vertikale Ebenen. Wer in die Steppe, den Urwald oder in die Felswand sich hineinwagt, begibt sich in die Horizontlosigkeit, beschränkt sein Dasein auf den nächsten Schritt, den nächsten Griff. Der Mensch: ein krabbelndes Insekt in einer Welt ohne Grenze und ohne Kontur.

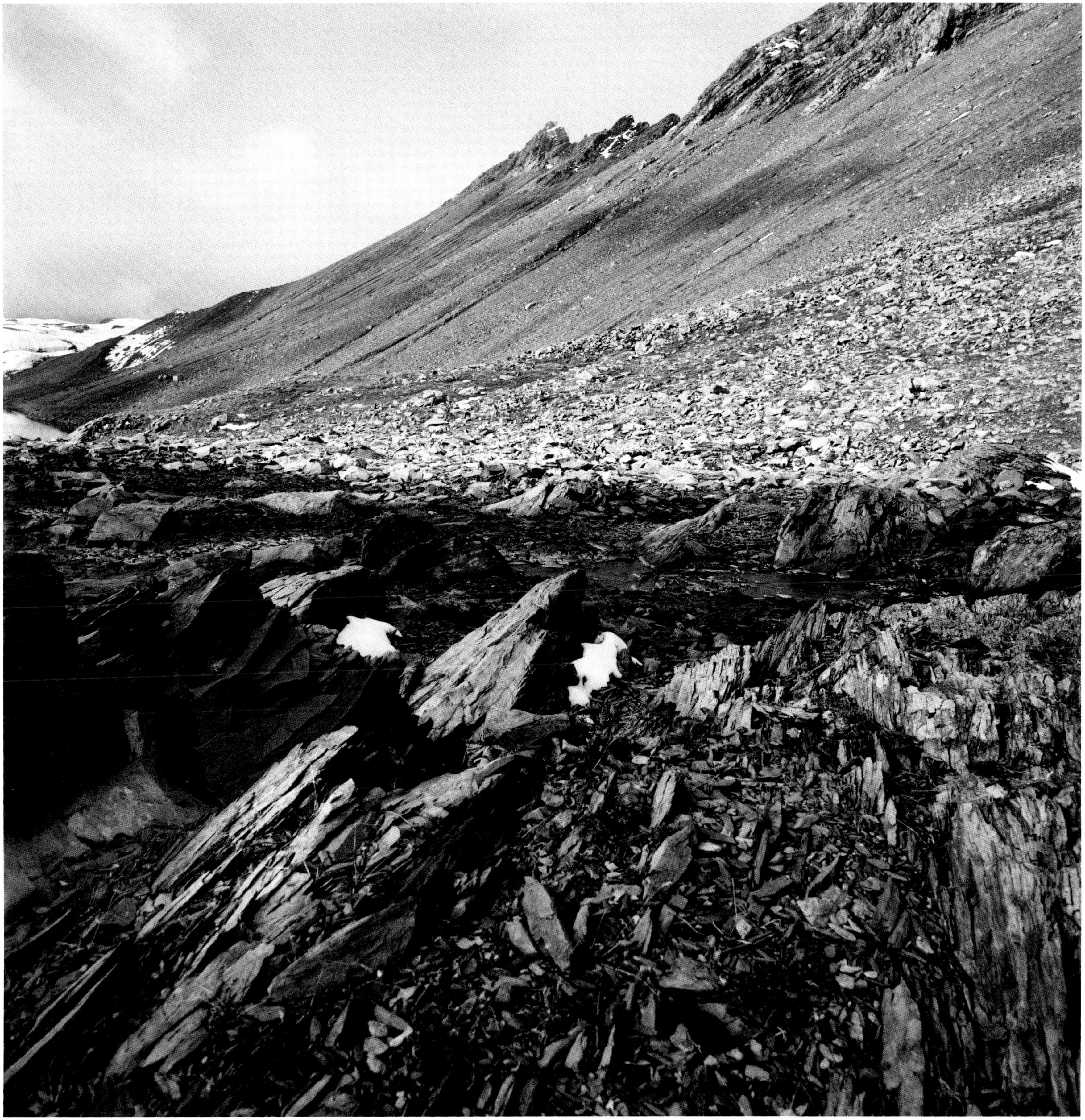

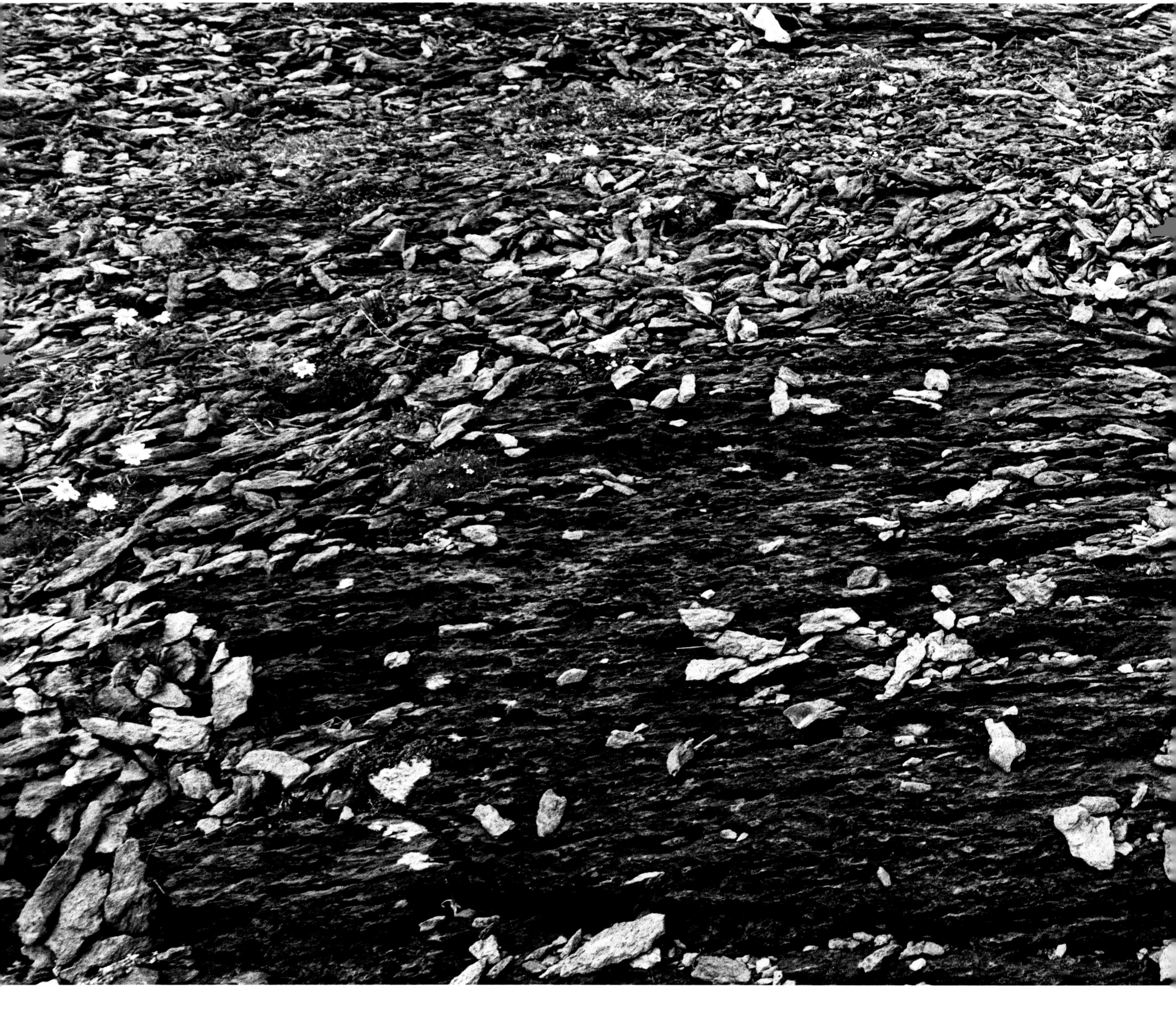

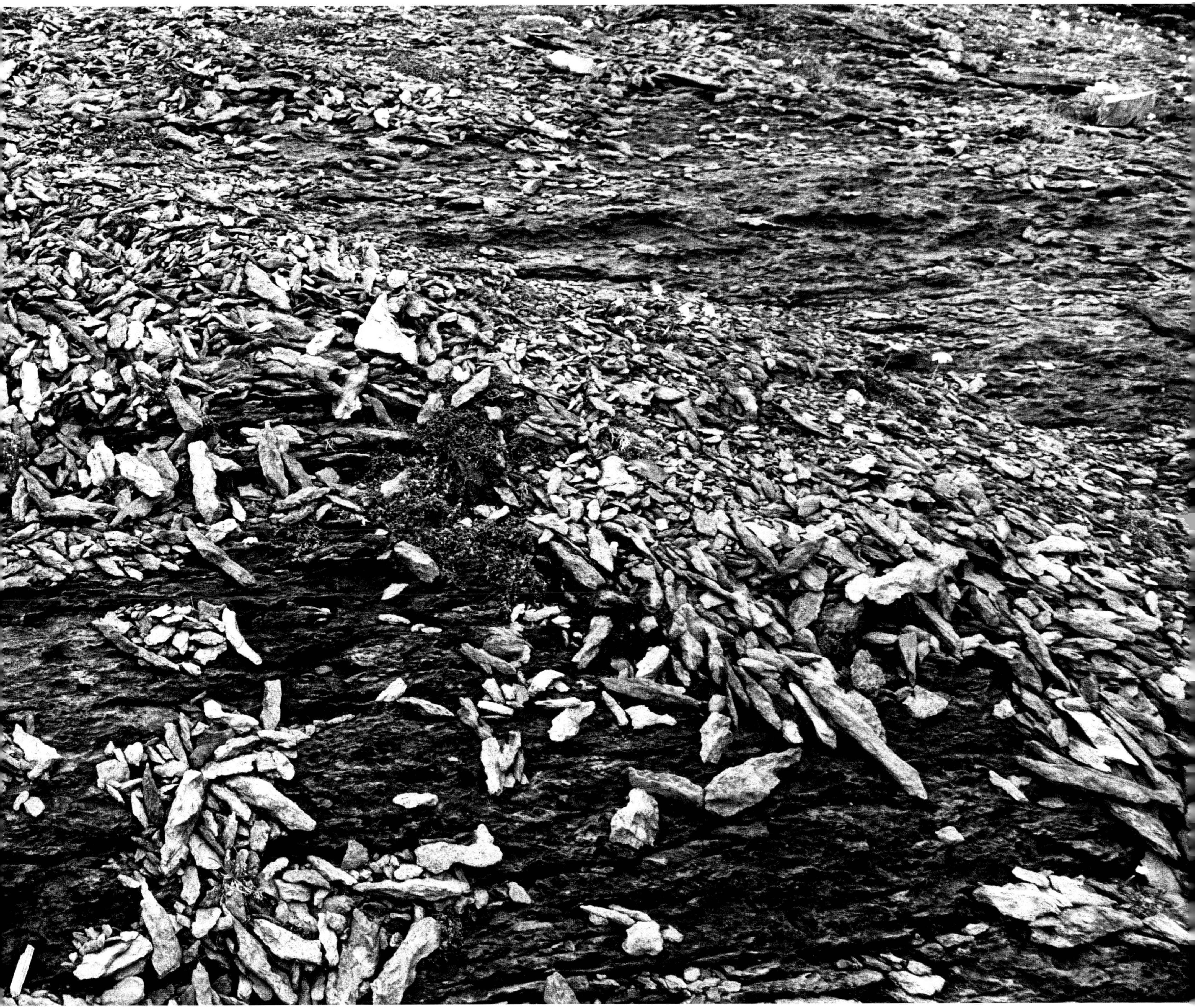

Die Erosion beginnt mit der Gebirgsfaltung.
Das Altern beginnt mit der Geburt.

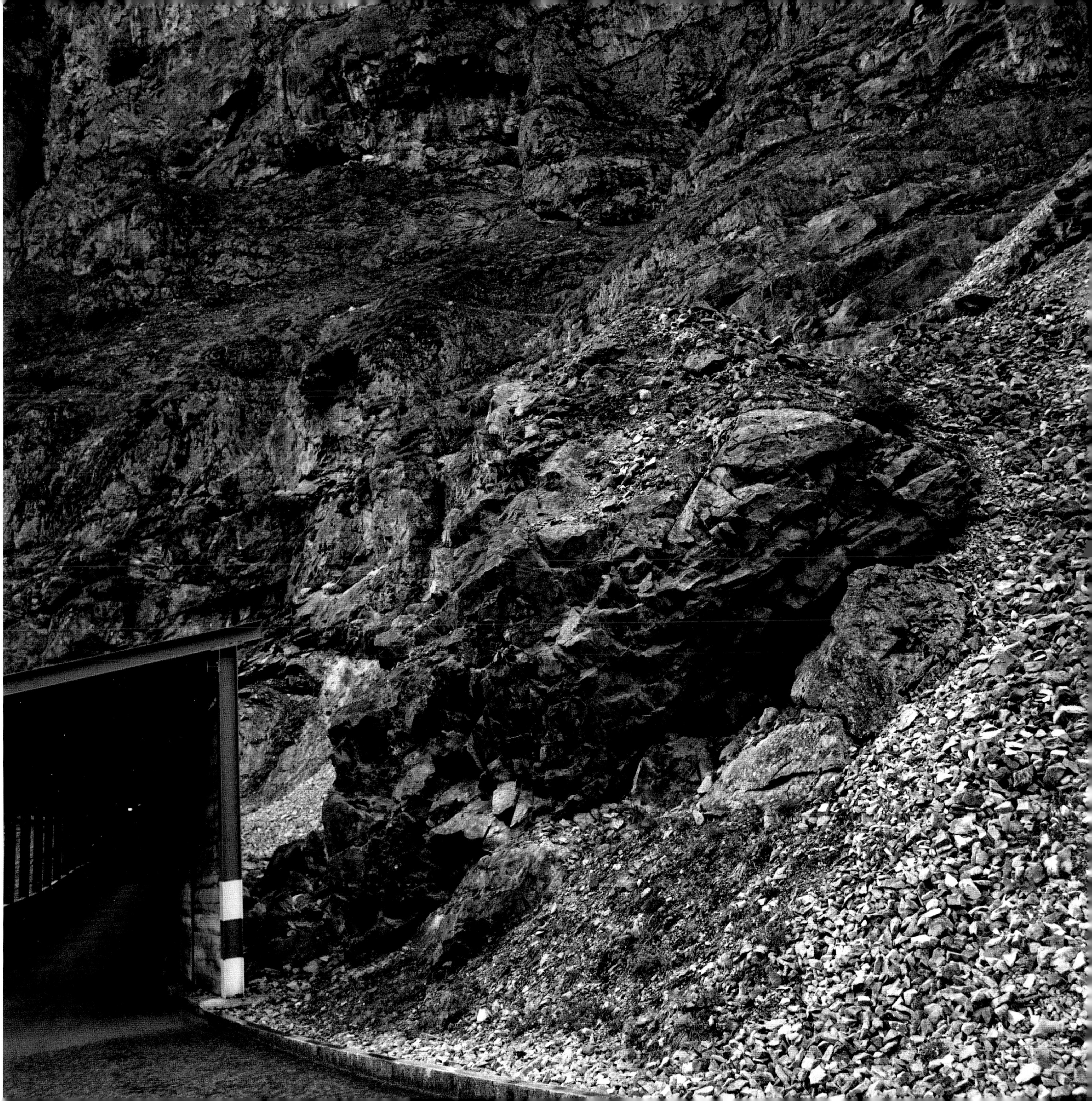

Ich wäre gerne gerecht. Ich würde gerne allem,
was mir begegnet, seinen objektiven Wert beimessen.
Aber ich fühle zu allem, was mir begegnet,
Ja oder Nein – und was ohne Ja oder Nein bleibt,
ist mir gar nicht begegnet.

21

Lange vertraute er darauf, dass seine Einfälle in
seinen Gedankenkreislauf eingingen. Auch wenn er
sie nicht willkürlich abrufen konnte, würden sie
ihm doch zuhanden sein, wenn sie als Bausteine in
seine Denkgebäude passten. Erst spät begann er,
seine Einfälle zu notieren. Statt sie der Wandlung und
der Vergänglichkeit anheimzugeben, bewahrte er
sie keimfrei auf.

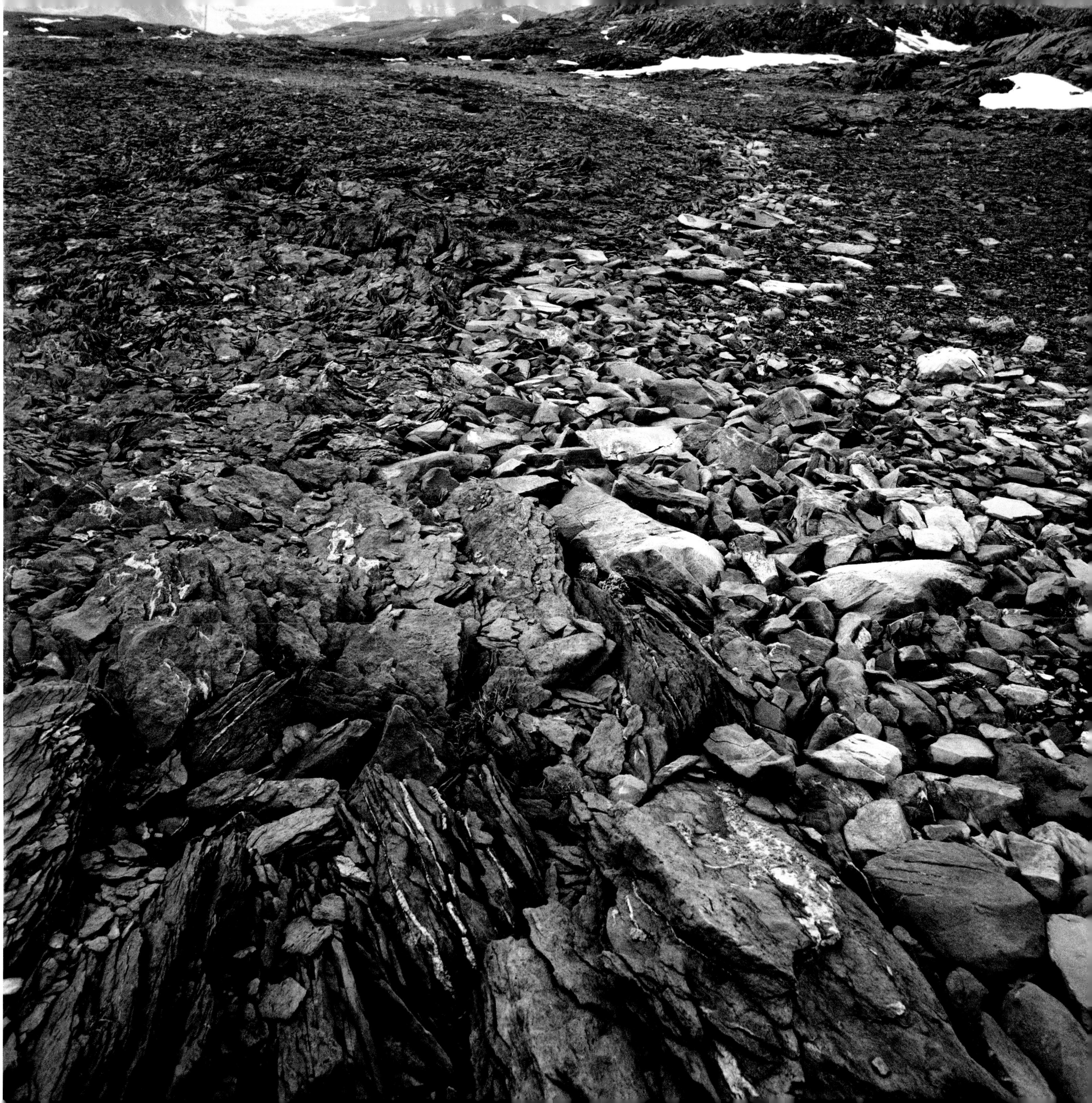

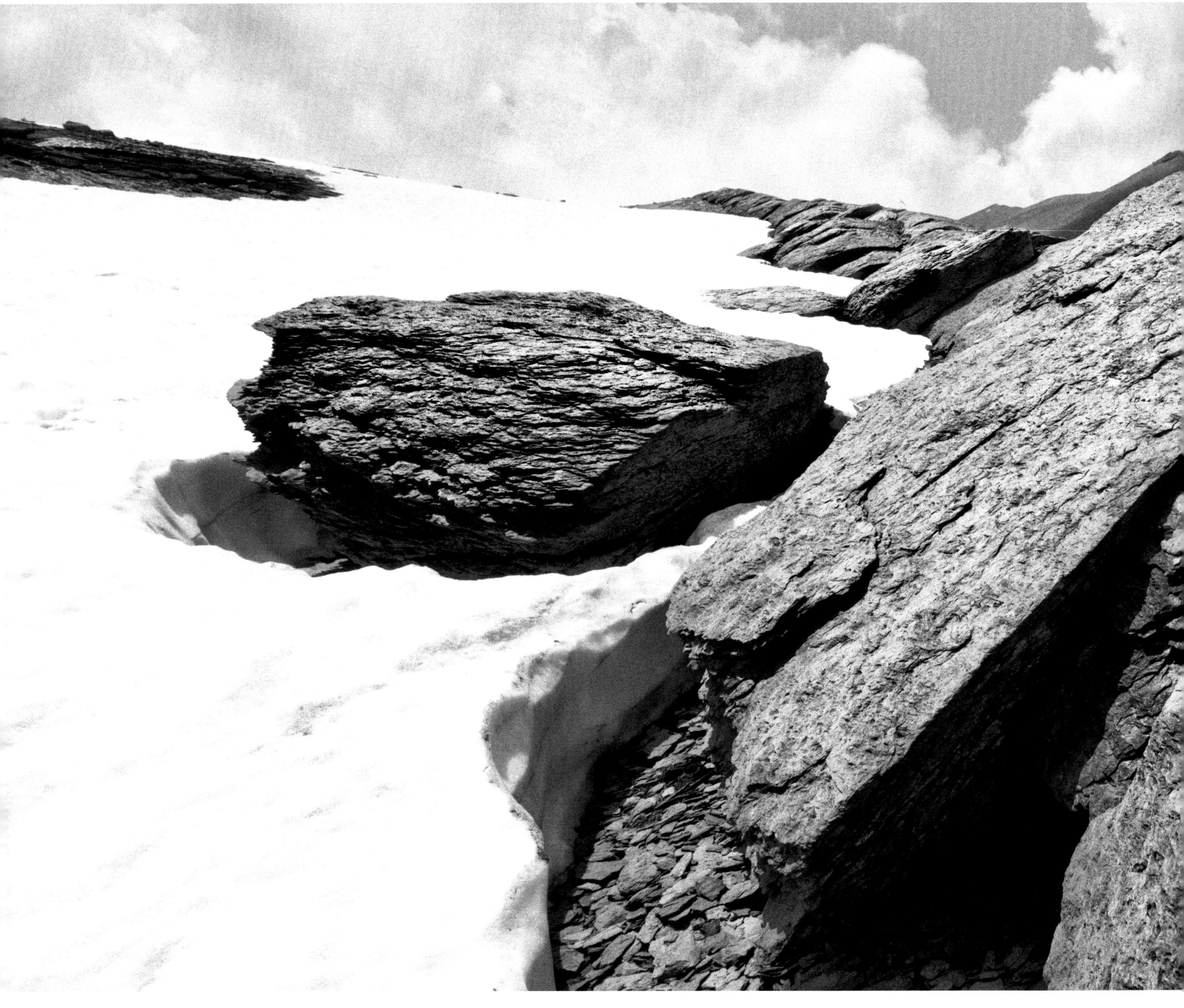

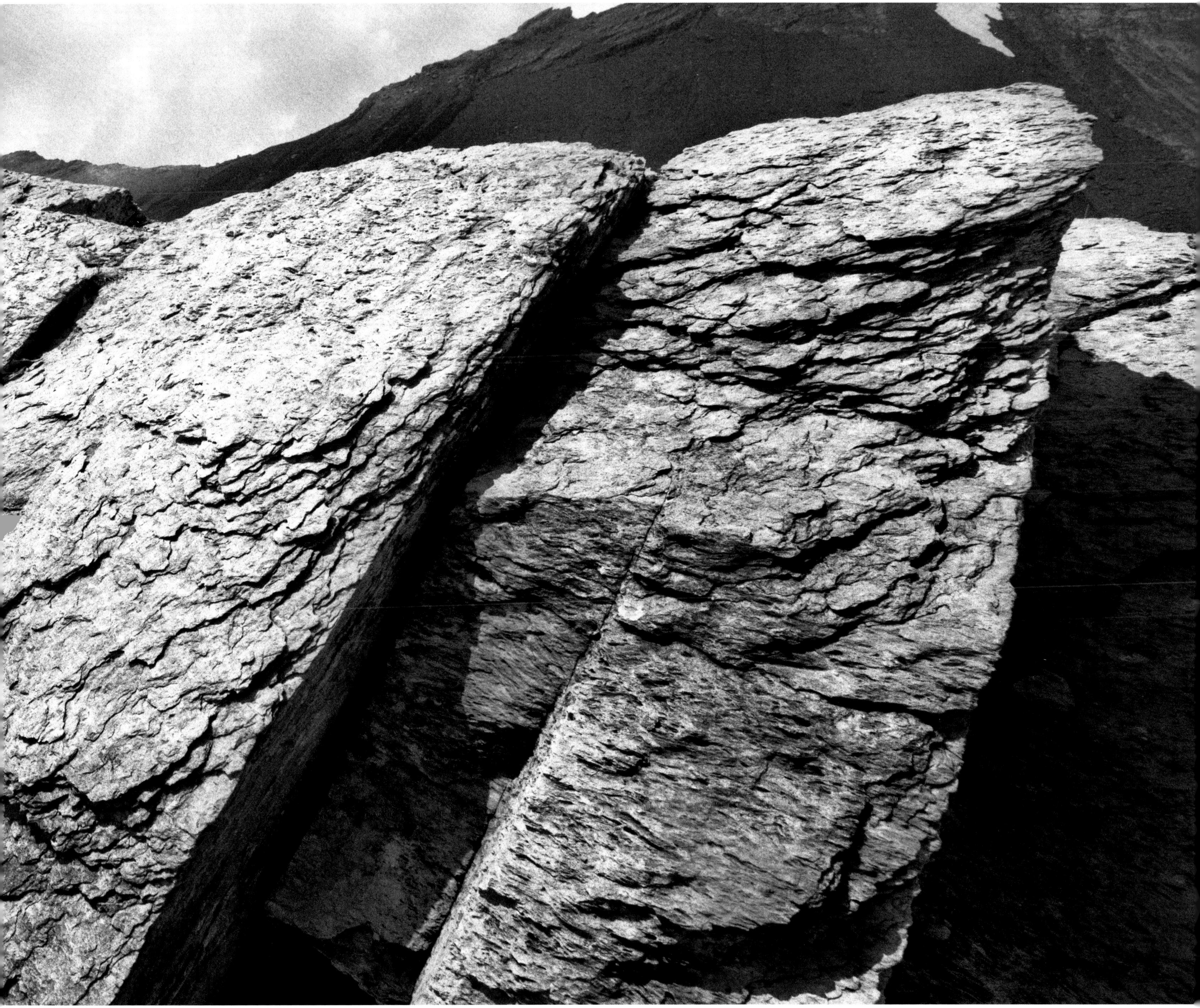

24

Du wirfst zwei Aststücke in den Bach. Das eine –
das schlechtere vielleicht – wird von der Strömung
weggetragen durch Länder und Städte. Das andere –
das bessere vielleicht – gerät in einen Gegensog
und dreht sich nun für immer im toten Winkel hinter
einem Felsblock.

Bedenkenlos überholte ich in meiner Jugend langsamer Wandernde. Im Alter mich selber ohne Bedenken überholen zu lassen, muss ich mühsam erst lernen.

25

Wir bemerken den Stein nicht, der uns erschlagen hätte,
hätten wir nicht den Aufbruch vom Rastplatz verzögert,
um zwei Augenblicke lang ein liegen gebliebenes Messer
zu suchen und aufzuheben.

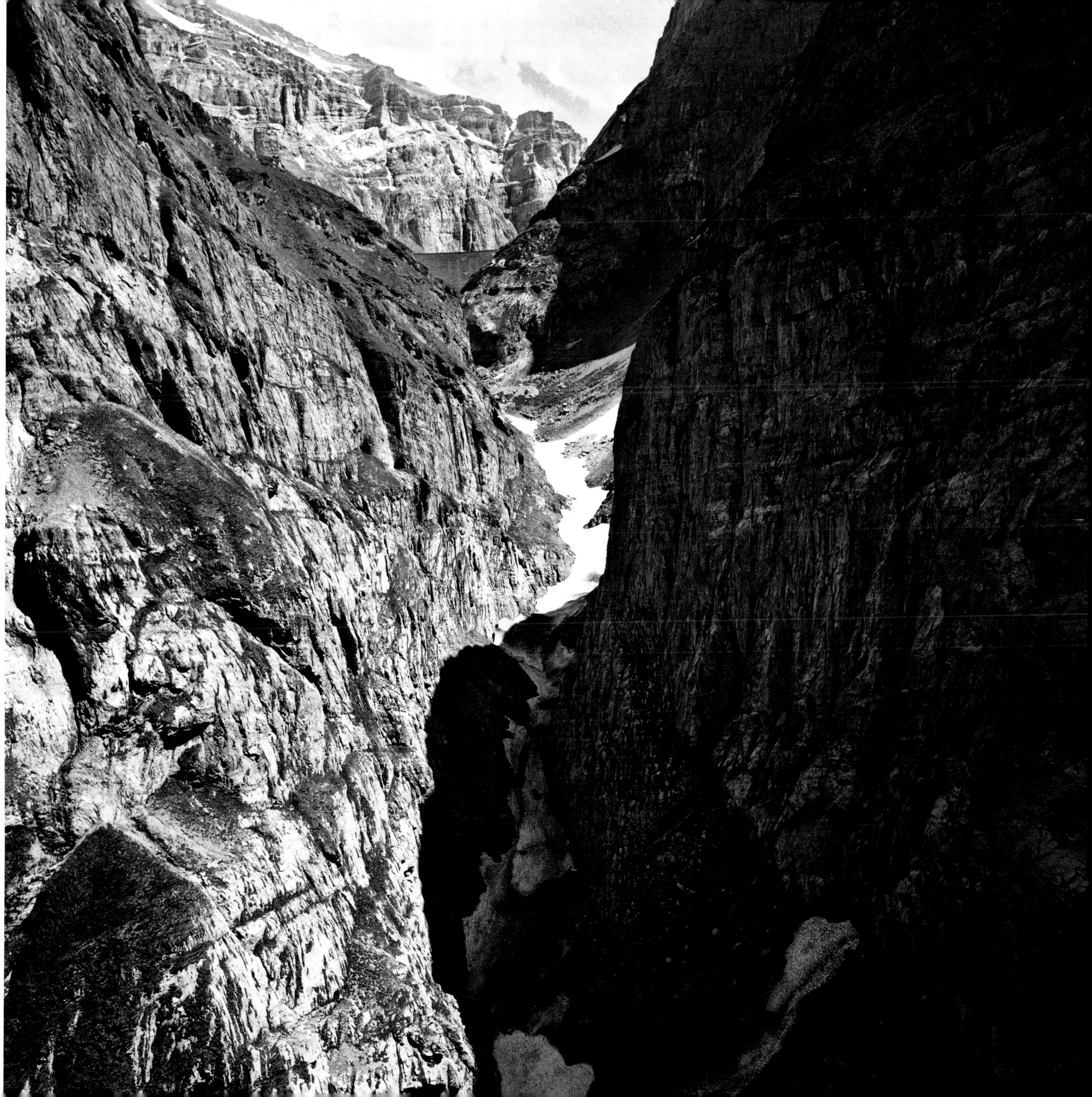

27

28

Recht haben ist mehr als Recht behalten.
Recht vergessen ist mehr als Recht haben.

29

Du kannst nichts wahrnehmen, als was du gerade wahr-
nimmst. Du kannst nichts denken, als was du gerade
denkst. Du kannst nichts wollen, als was du gerade willst.

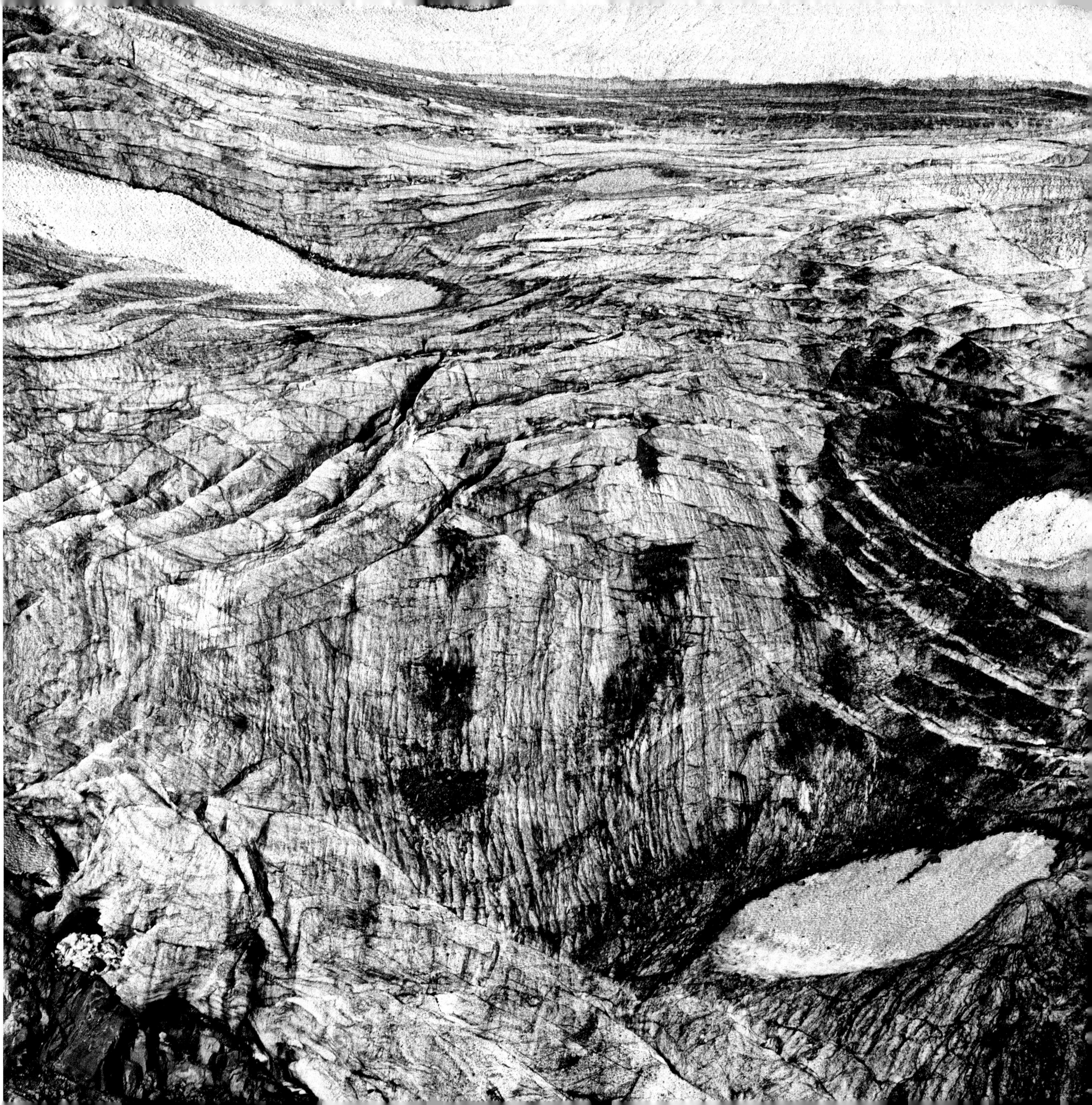

31

32

Das Gipfelerlebnis ist ein Machterlebnis. Nicht ich bin klein, die Welt ist es. Die Berge, von unten überwältigend gross, werden zur Gipfelflur, und das bedrängende Unten erscheint von oben niedlich und flach.

33

34

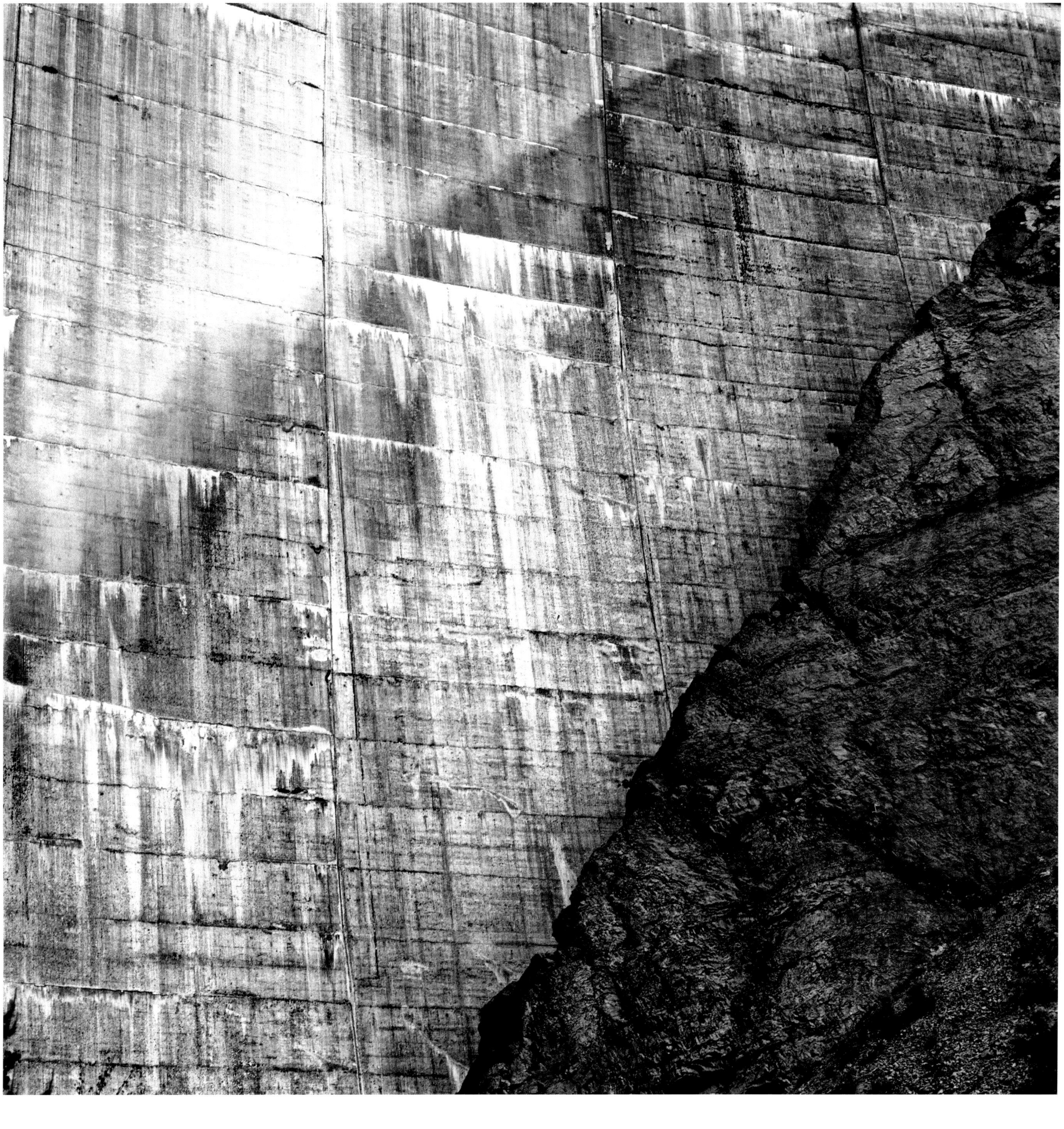

Man geht in vielen Kehren den Hang entlang in ein Tal hinein, quert in seiner Tiefe den Grund, und, immerzu fortgehend, nähert man sich am Gegenhang dem Ausgangspunkt auf Rufnähe, obwohl man stundenlang von ihm entfernt ist und eine Kluft zwischen hier und dort liegt.

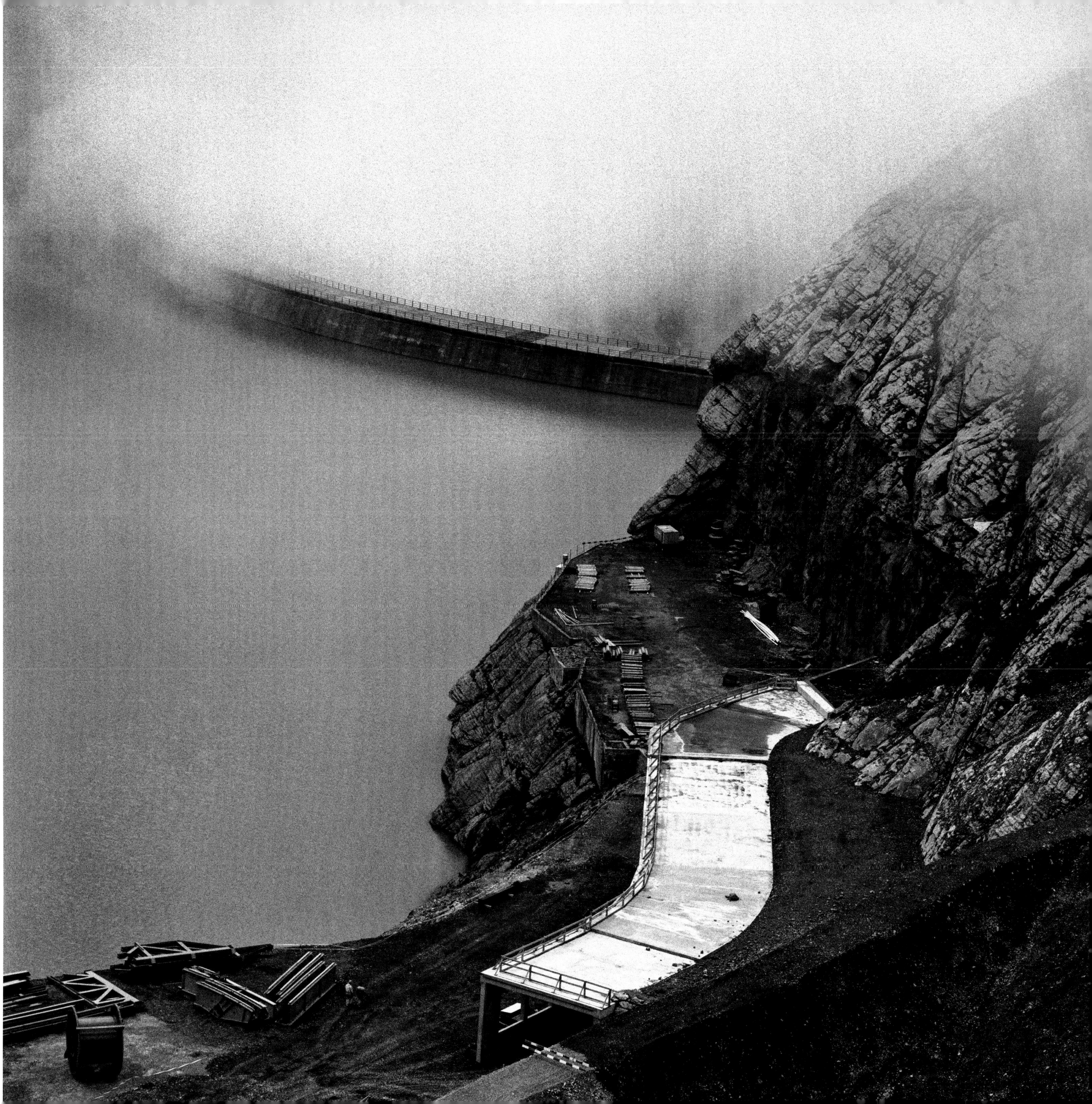

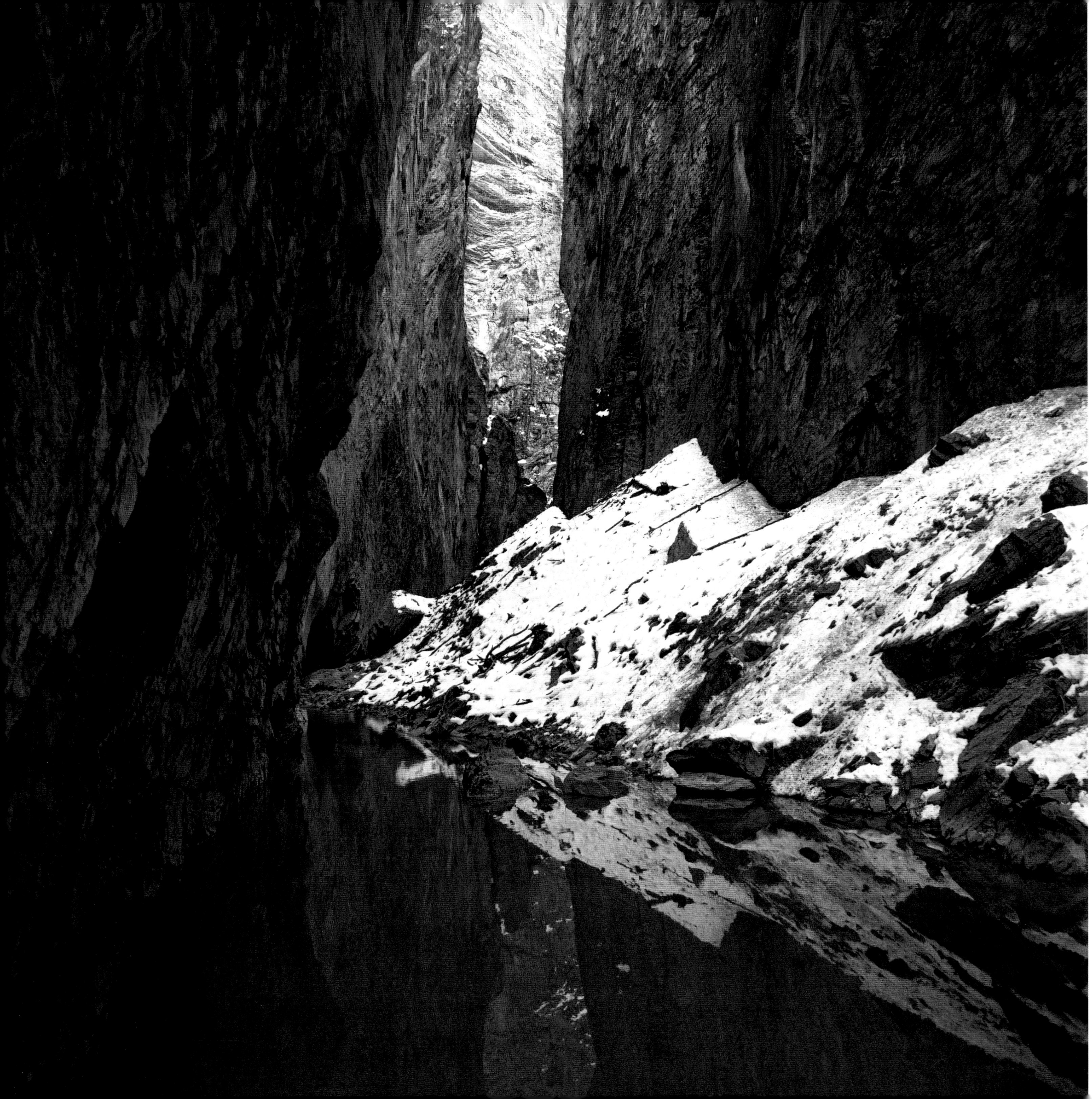

Bei einer ersten Begehung prägt sich ein Weg nur mit
wenigen markanten Zeichen ein. Es sind Wiederholungen,
Wiedergehungen nötig, damit der Weg Vielfalt und
Zusammenhalt gewinnt. Es wäre ein schlechter Rat,
beim ersten Durchgang alles mitzunehmen und nichts
auszulassen.

Die Sonne geht nicht auf. Sondern der Westhorizont –
Waldkamm und Felsgrat – schwingt sich in den dämmer-
grauen Himmel empor und frisst die letzten verblassenden
Sterne weg. Der Osthorizont hingegen sackt weg und
gibt mehr und mehr Leuchten frei, erst einen farblosen
Glanz, dann immer strahlendere Helle, und jetzt:
Die Sonne geht auf.

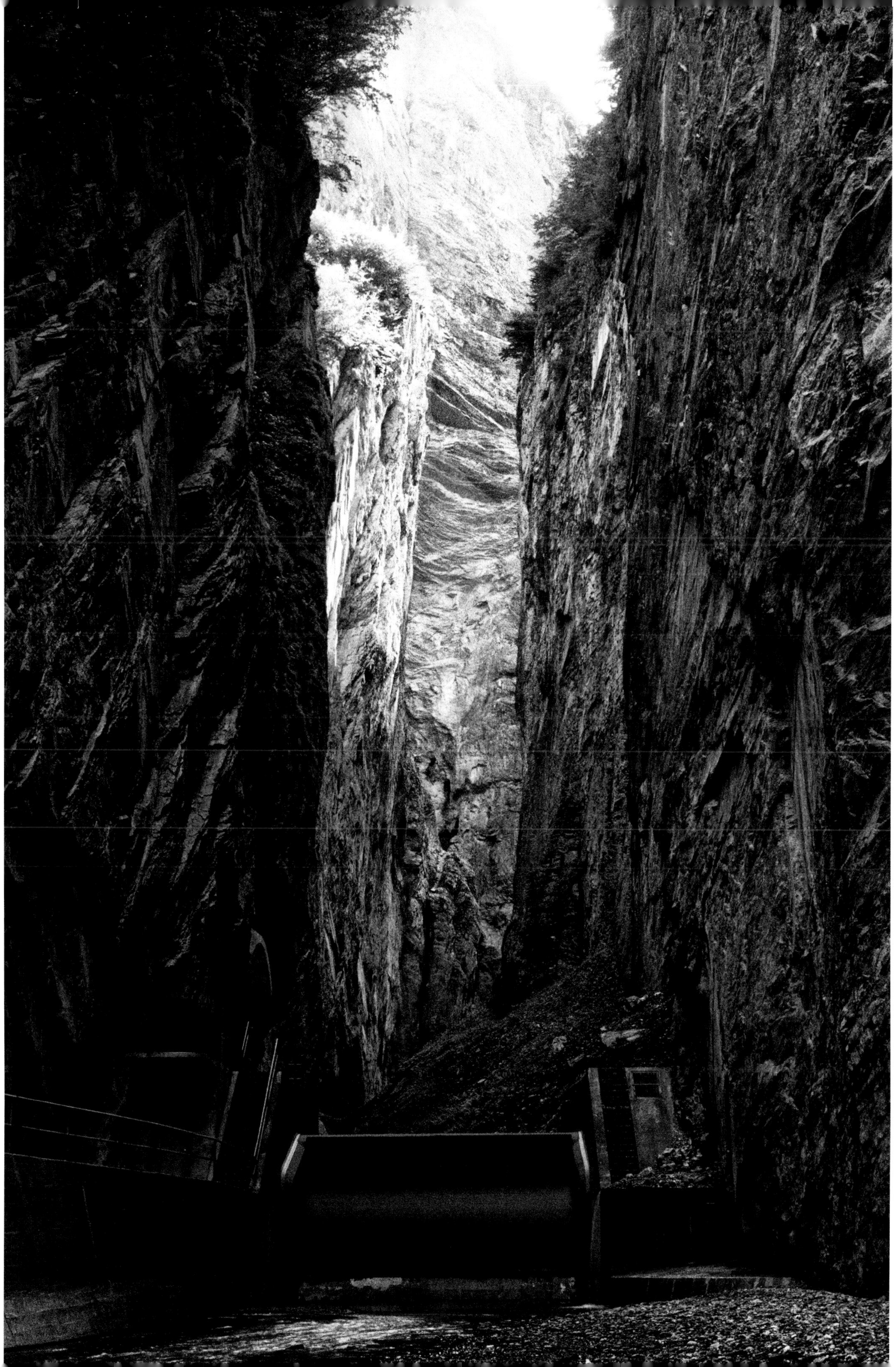

39

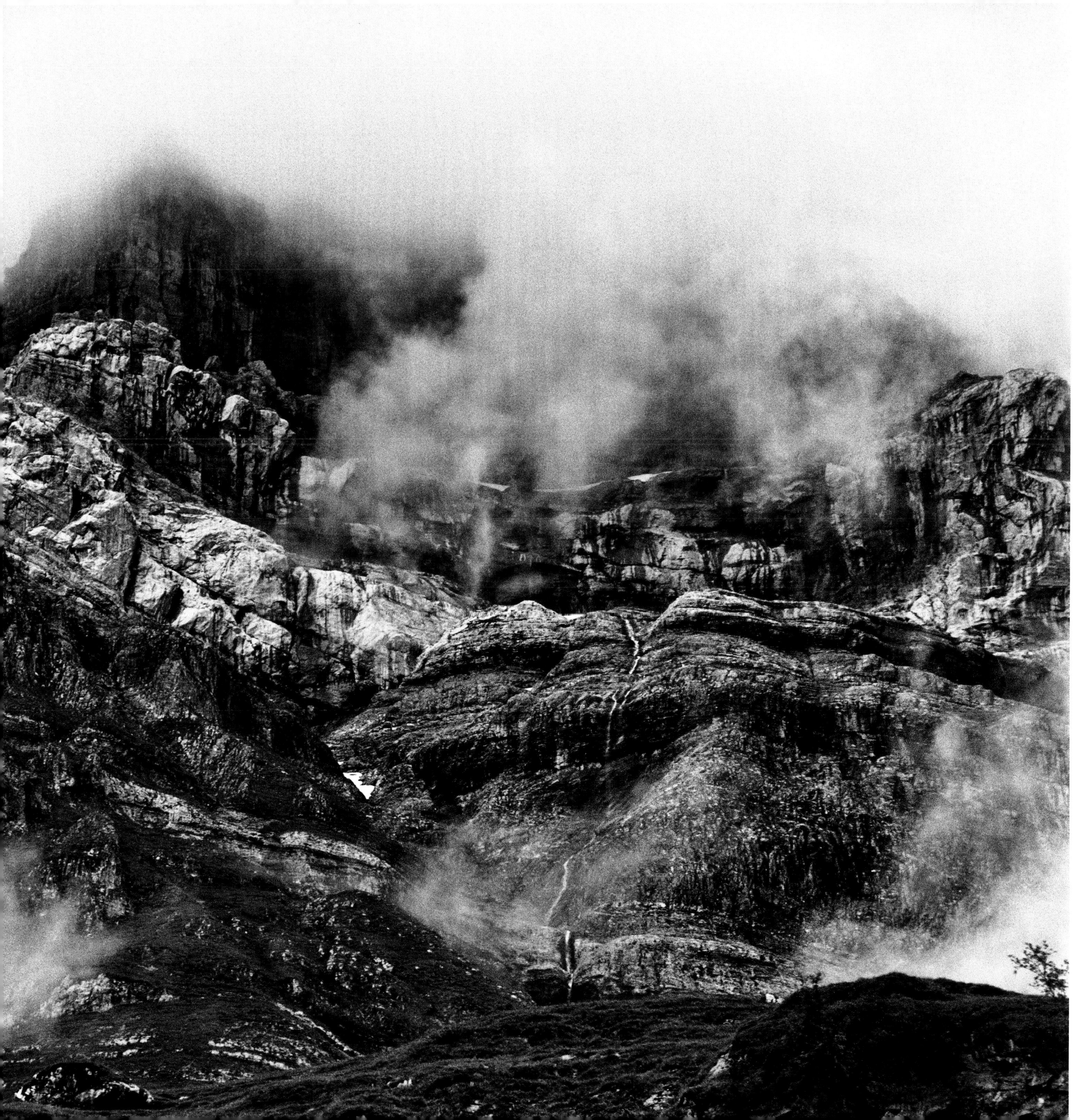

Was soll mir ein Kompass, wenn ich nicht weiss, wohin ich will?

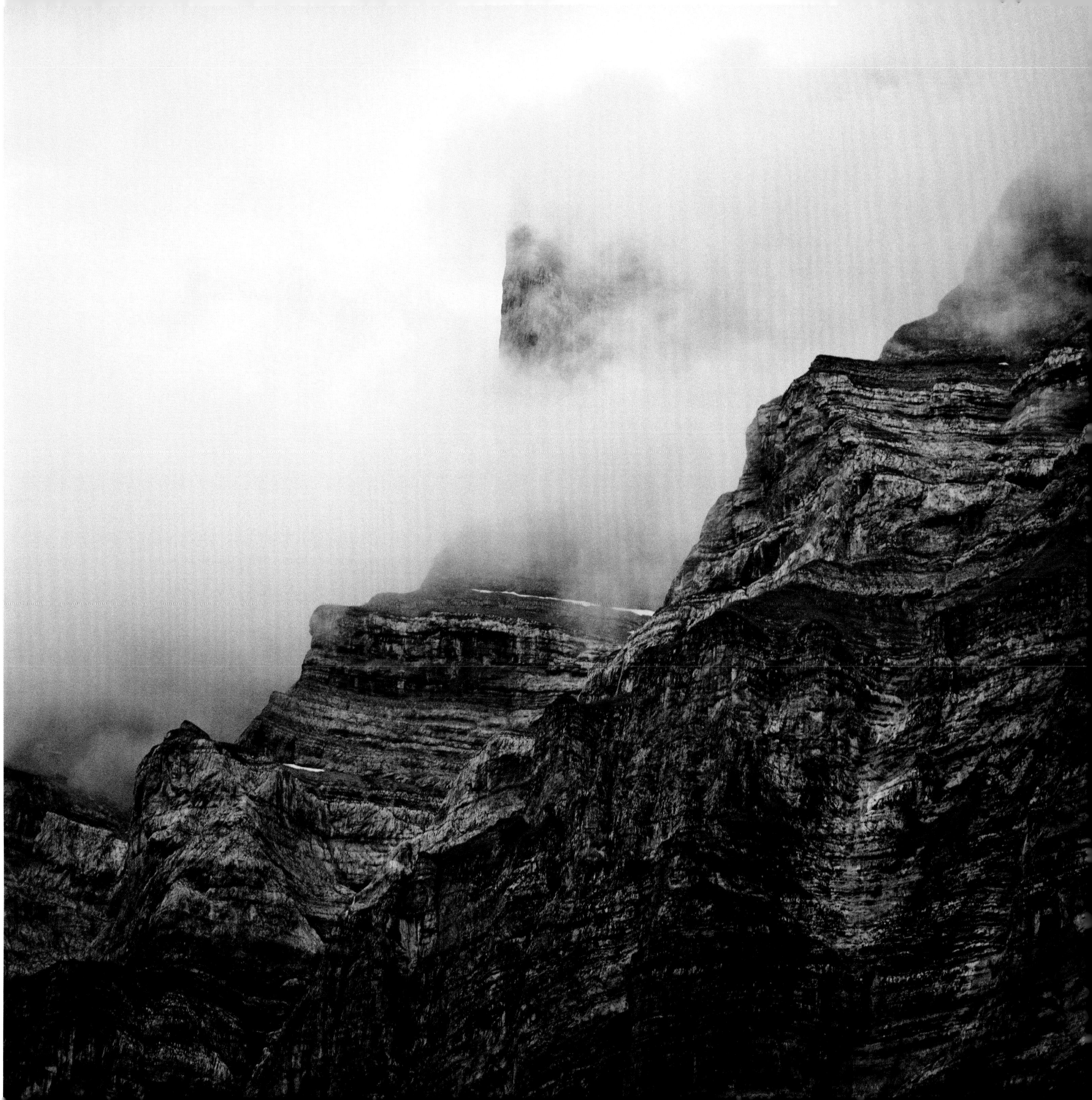

41

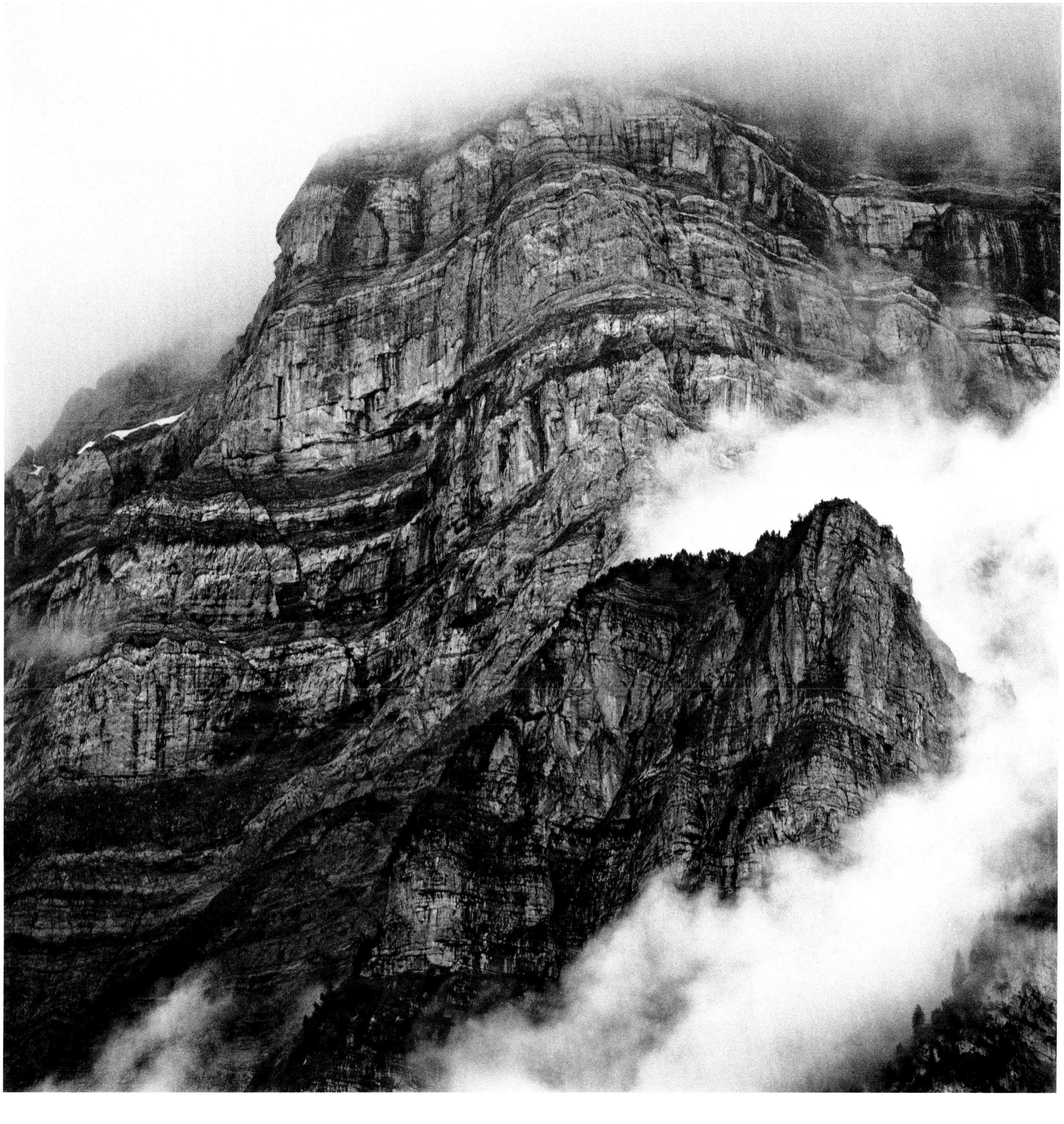

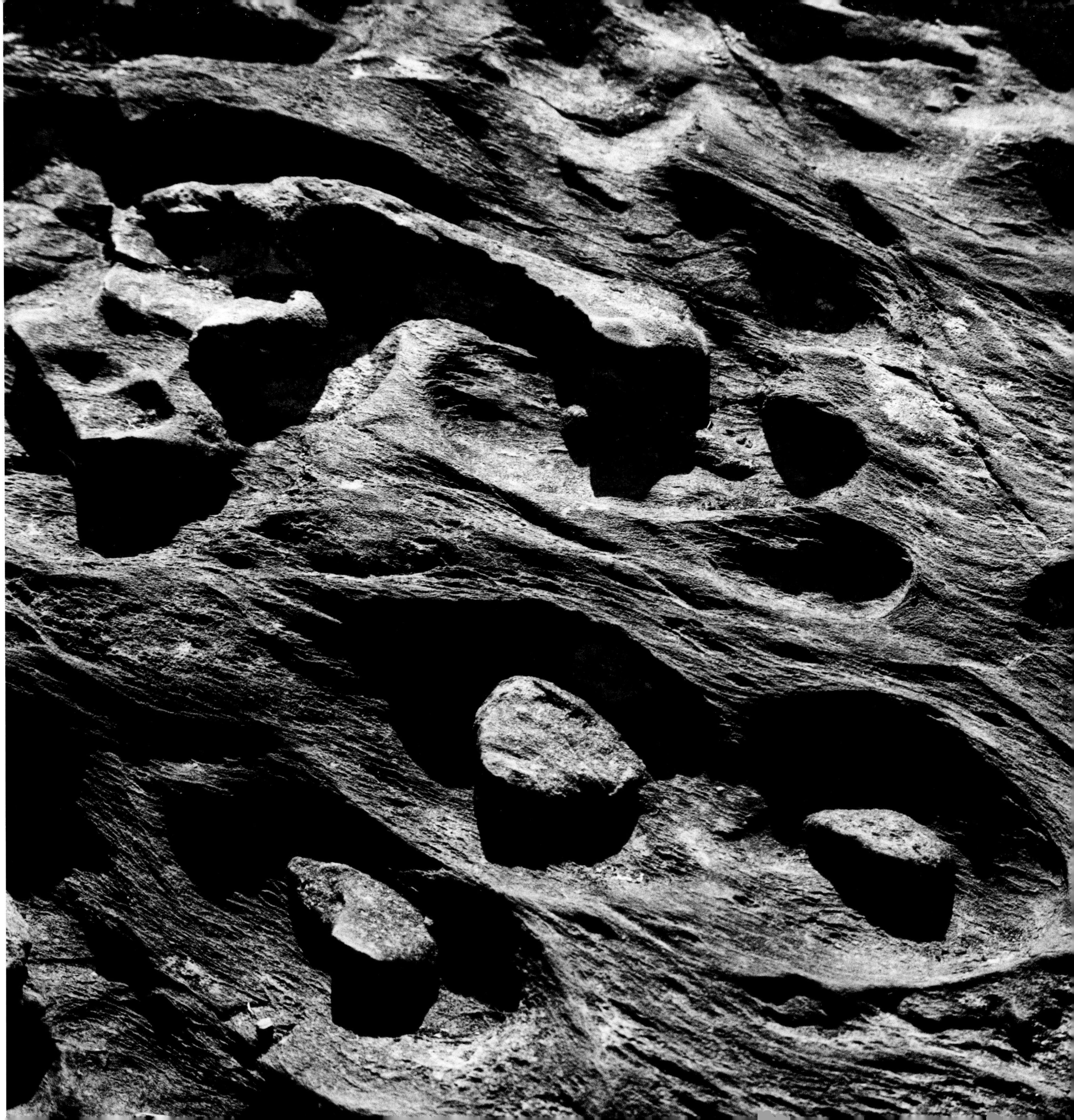

43

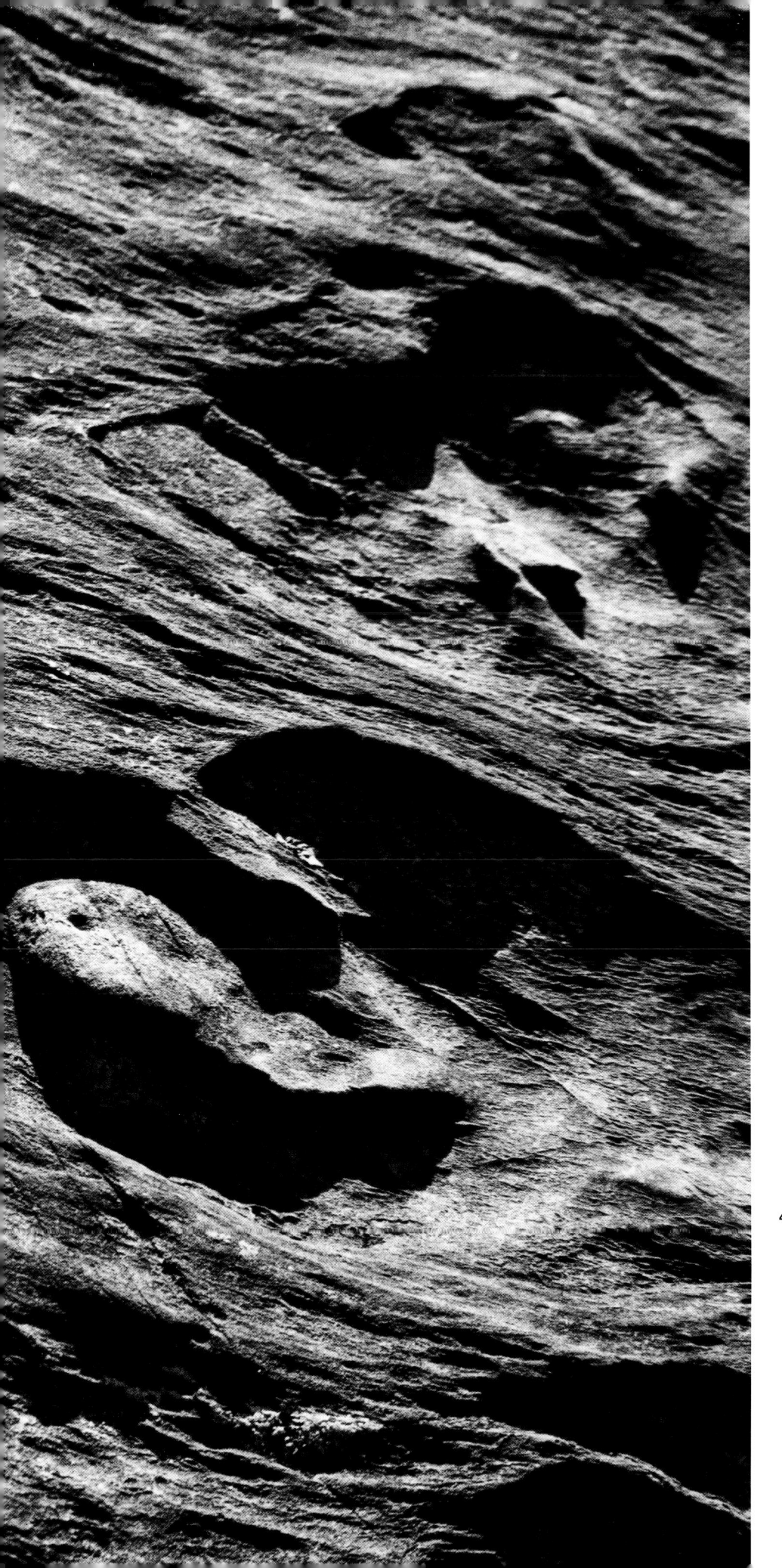

44

45

Er folgt den Spuren, die einer im Schnee hinterlassen hat.
Sie haben wohl irgendwo ein Ziel. Auf einer Kuppe
hat der Wind sie zerblasen. Von jetzt an sind da nur seine
eigenen Spuren. Er blickt zurück. Auch sie sind
verschwunden.

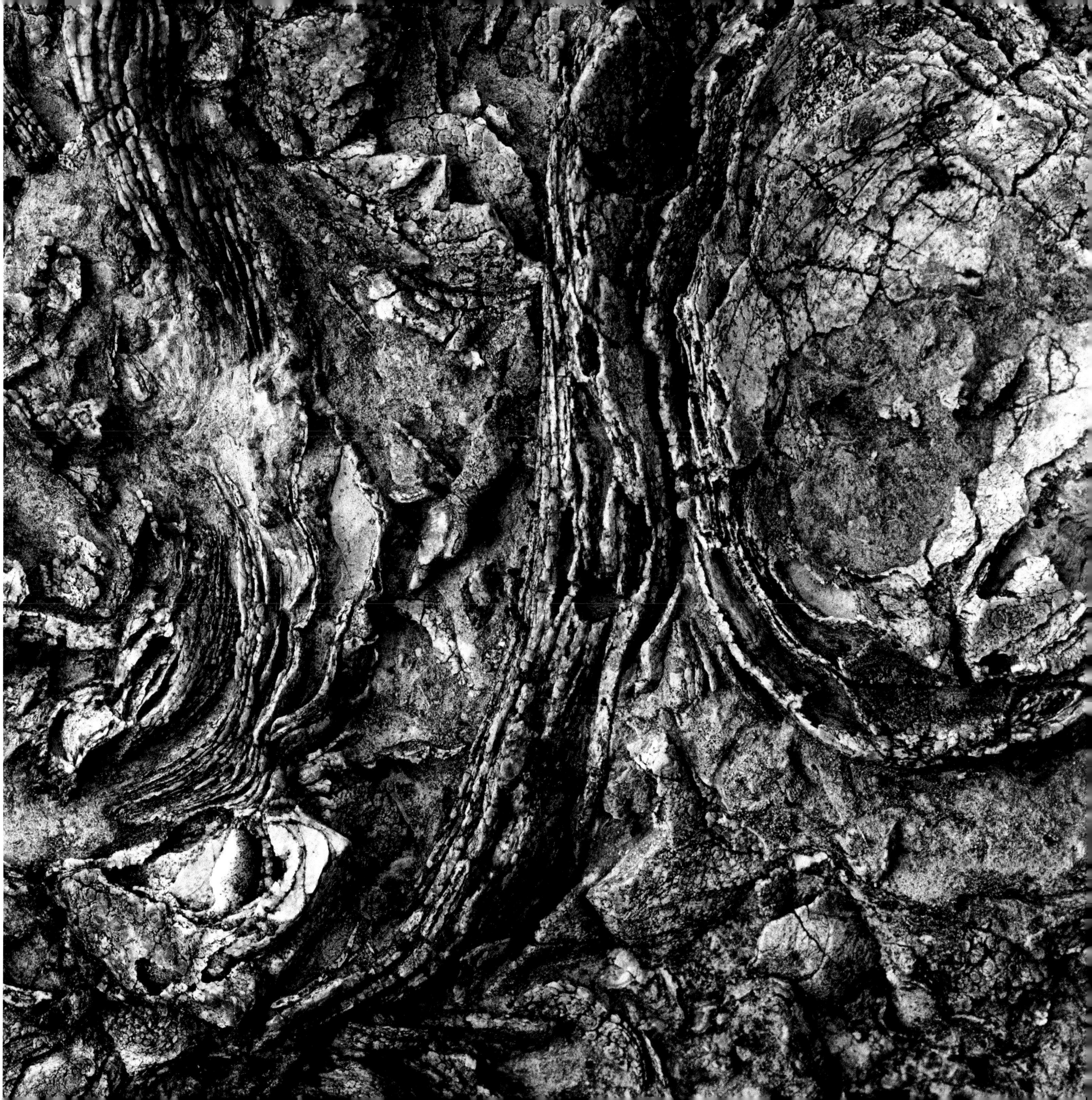

47

Holzwege führen in die Flanken der Bergwälder hinein. Wer von unten kommend, sich durch ihr gutes Aussehen verführen lässt, endet bei einem Holzlager- und Wendeplatz, von dem keine Spur weitergeht. Wer aber von oben auf einen trifft, mag sich ihm ohne Wagnis anvertrauen; er führt, immer stattlicher werdend, ins Tal.

48

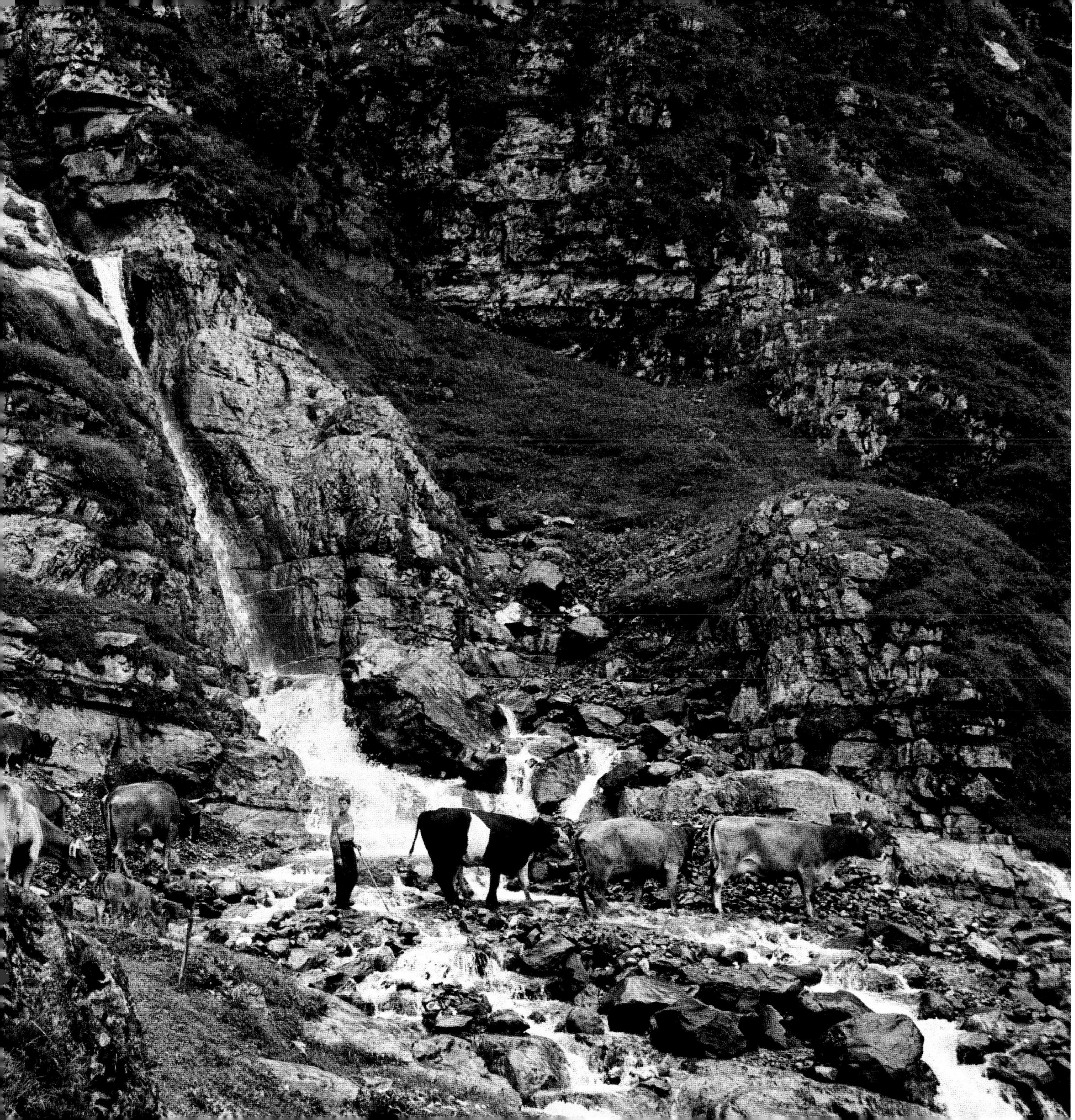

Von fern sehen Schneegebirge am Horizont wie Wolkenbänke aus. Und Wolkenbänke wie Schneegebirge.
Wenn man sich ihnen nähert, türmen sie sich auf zu dem,
was sie sind: starr hintereinander gestaffelte Wälle,
wie für die Ewigkeit gebaut die einen, wattiges Gebausche,
in keinem Augenblick gleich wie im vorigen, die andern.

49

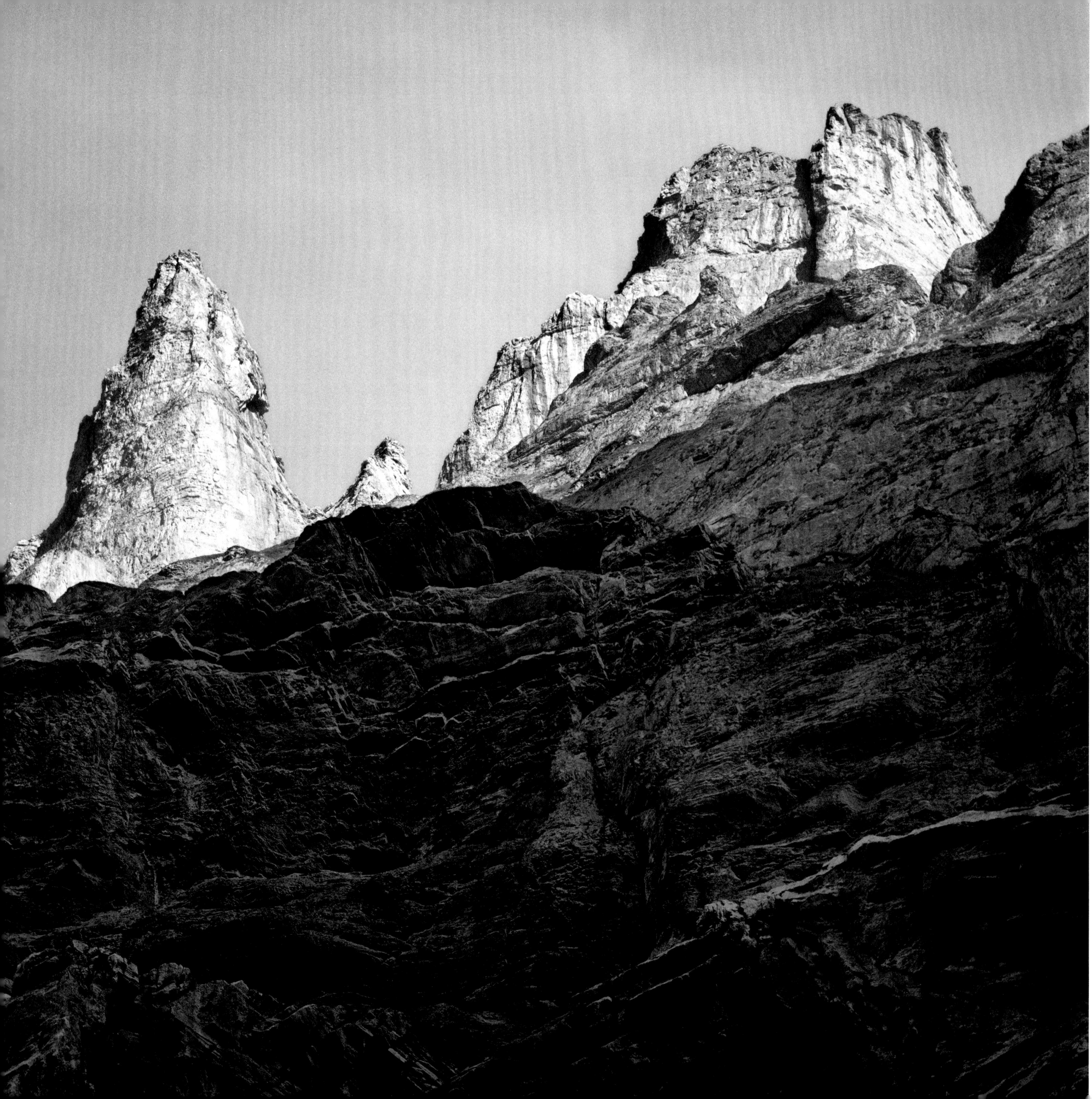

Ich esse Pistazienkerne und lege die leeren Schalen
in die Dose zurück, aus der ich die vollen Nüsse greife.
Ihr Vorrat wird immer geringer, der Haufen leerer
Hülsen immer grösser. Ich weiss, dass ich schliesslich
in ihrer Menge eine letzte geschlossene Frucht
suchen werde.

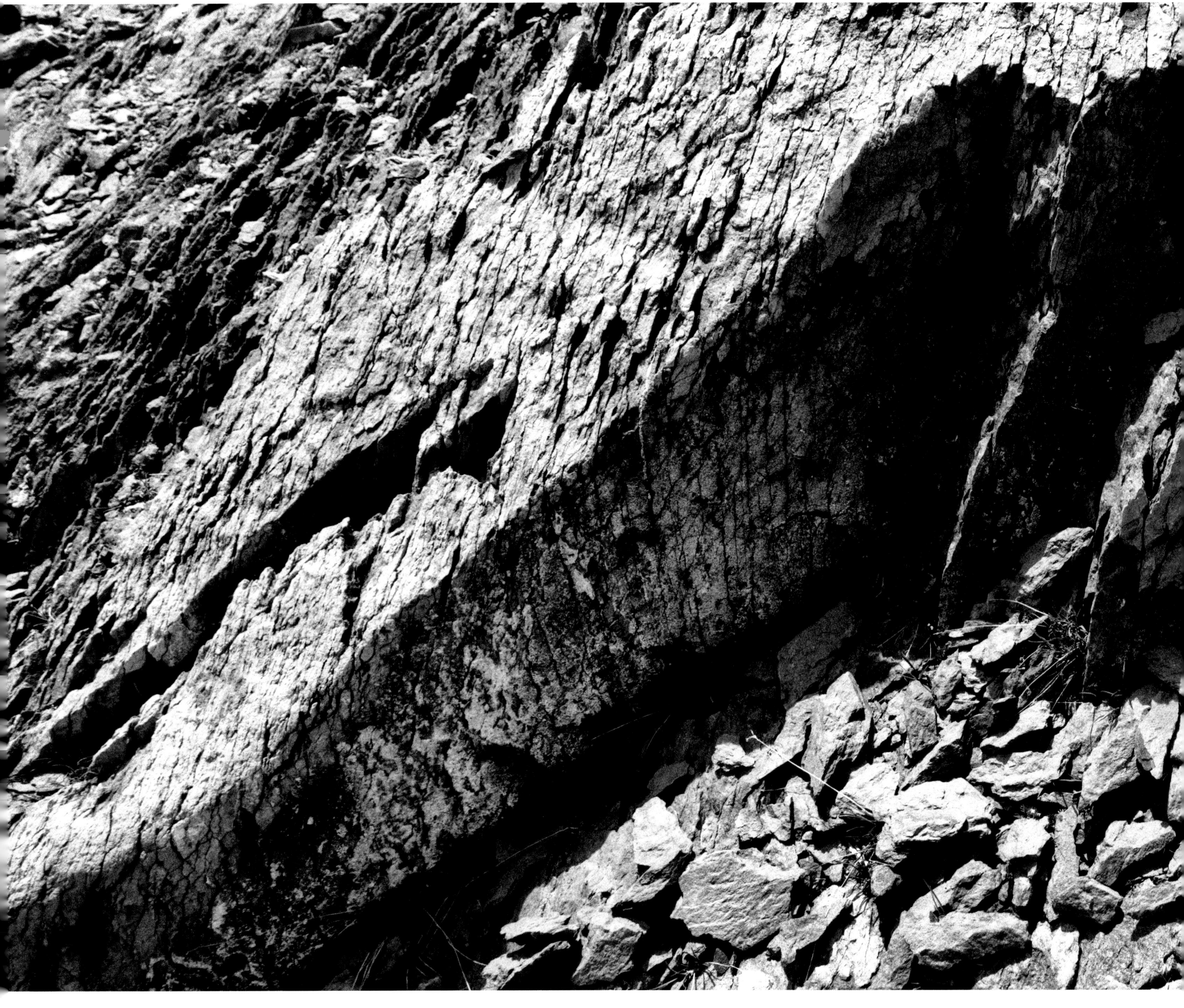

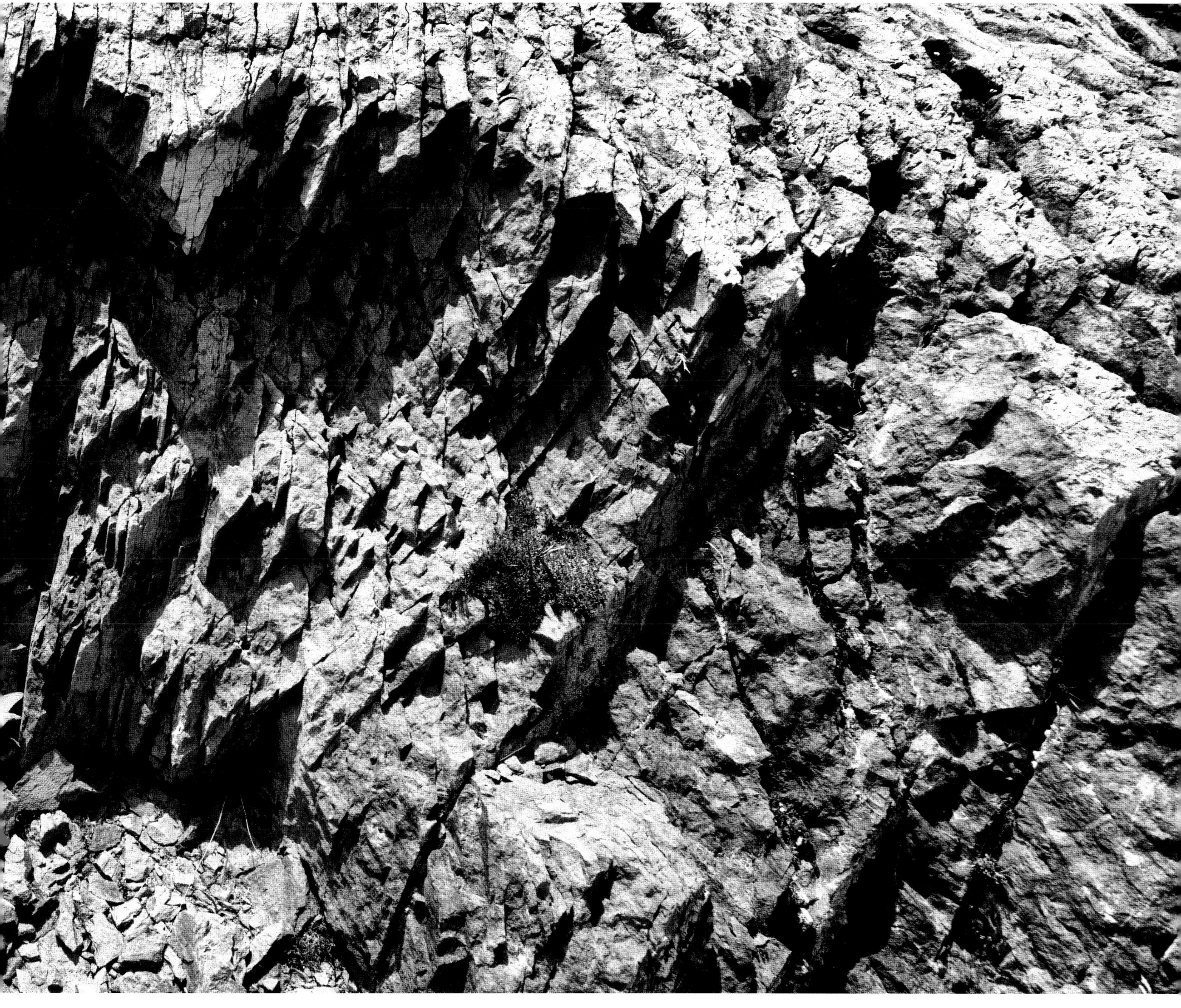

52

«Überschiinig»: Schnee und Nebel, durchtränkt von Licht.
Du siehst nicht, ob das Gelände ansteigt, ob es sich neigt,
nicht, ob du die Richtung hältst, ob du irre gehst.
Du gehst.

53

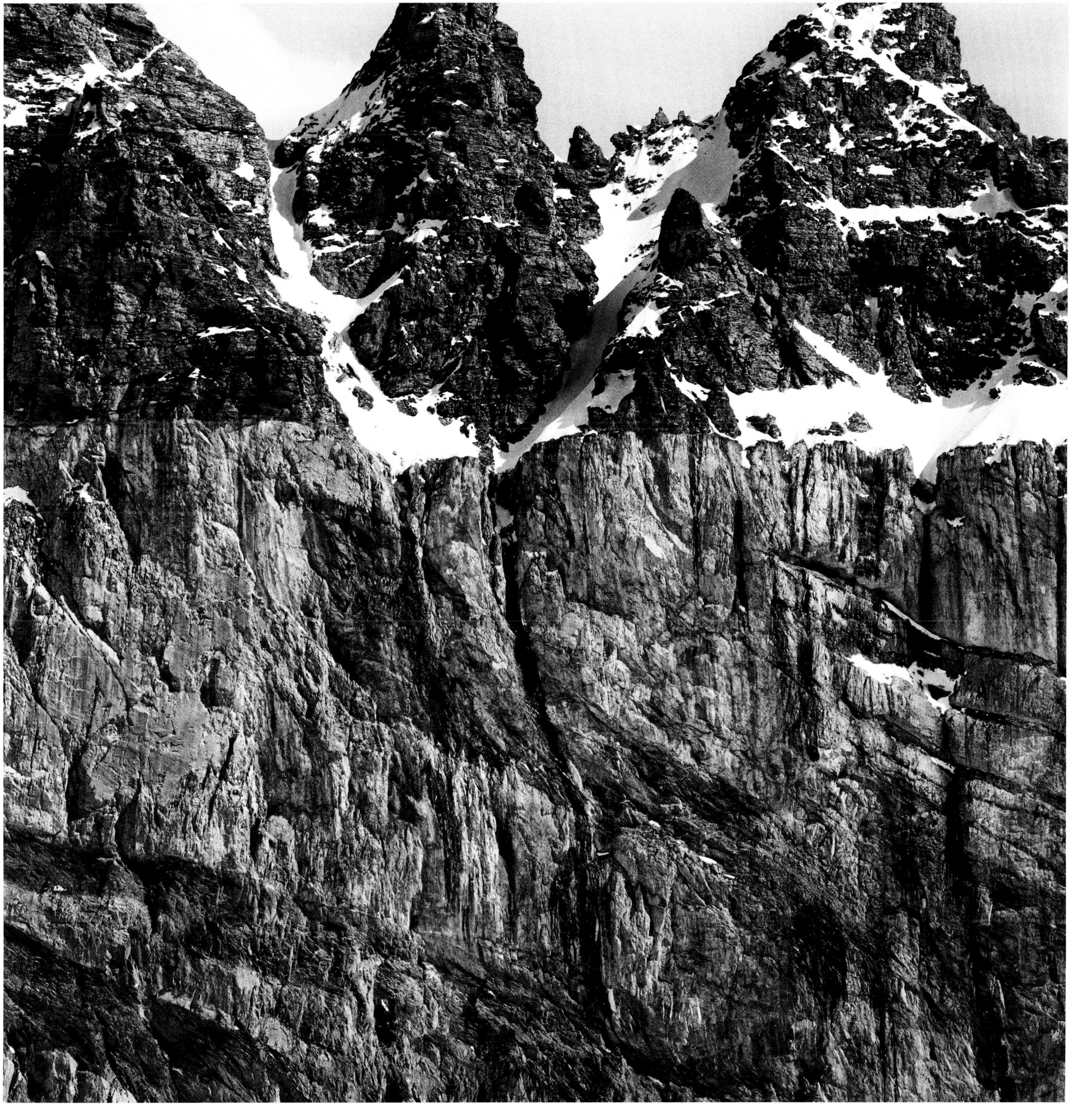

Wasser stürzt über einen Felsblock und fliesst und fliesst.
Unter ihm bildet sich ein Strudel und bleibt und bleibt.
Immerfort Neues und stets Dasselbe.

55

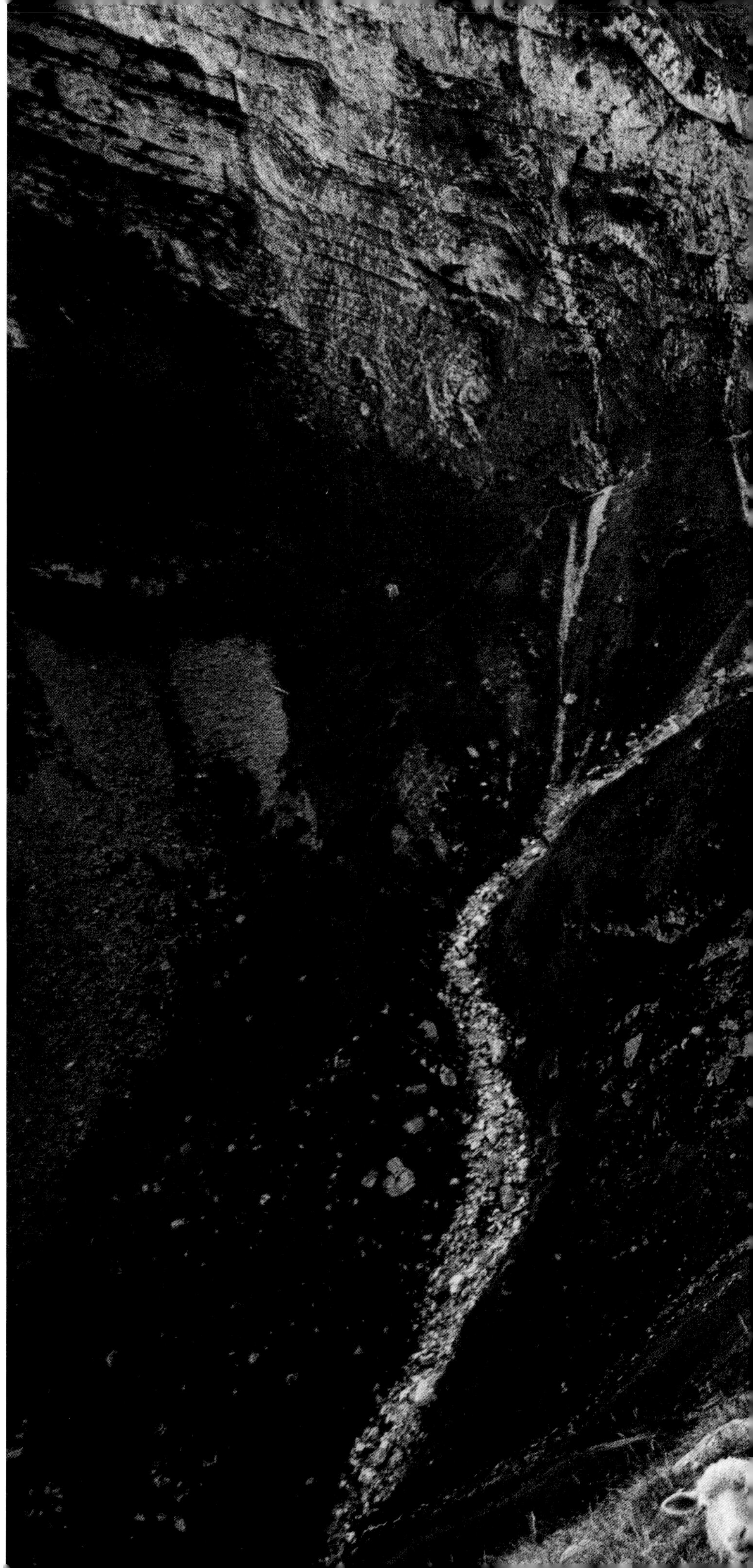

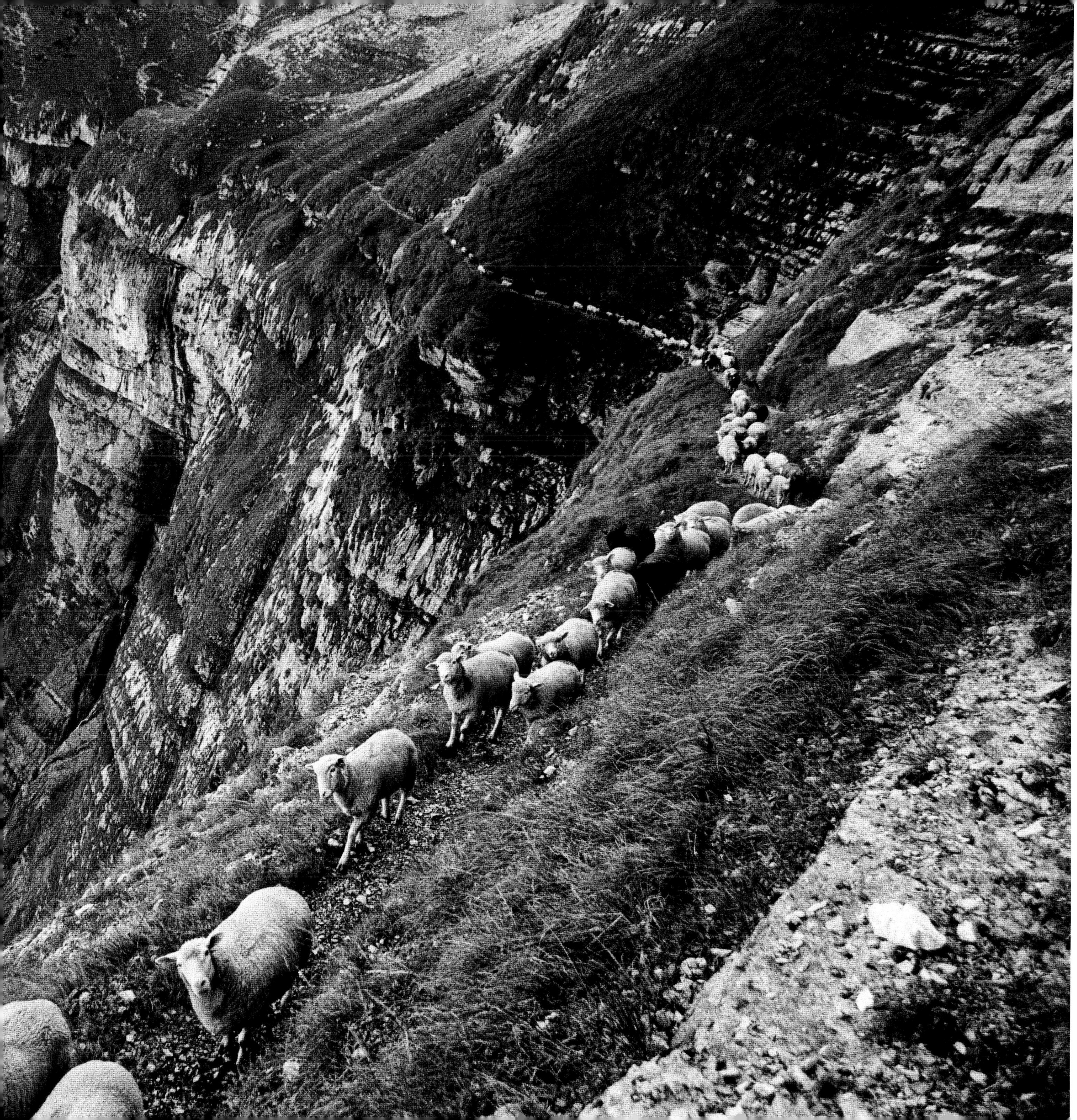

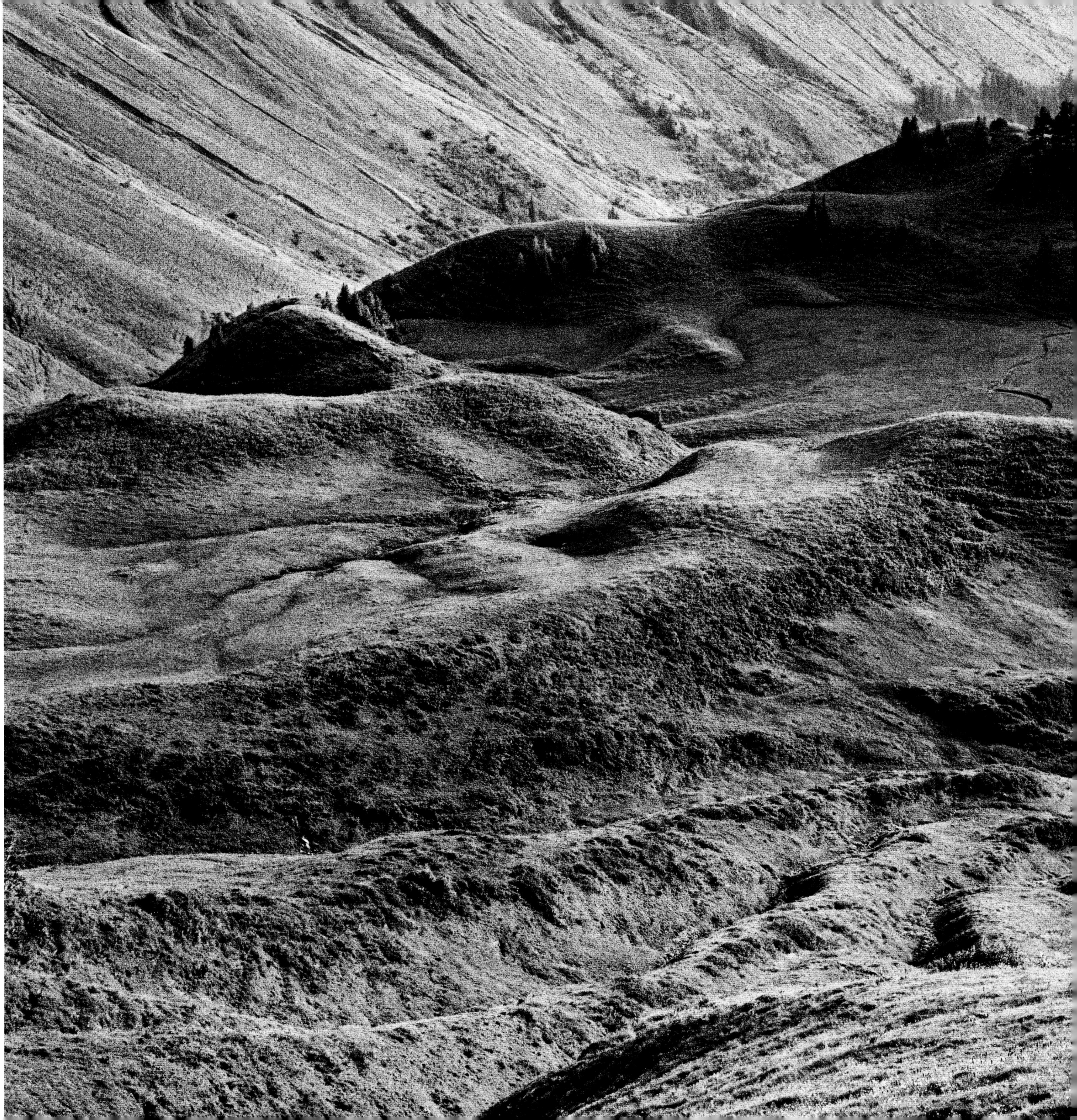

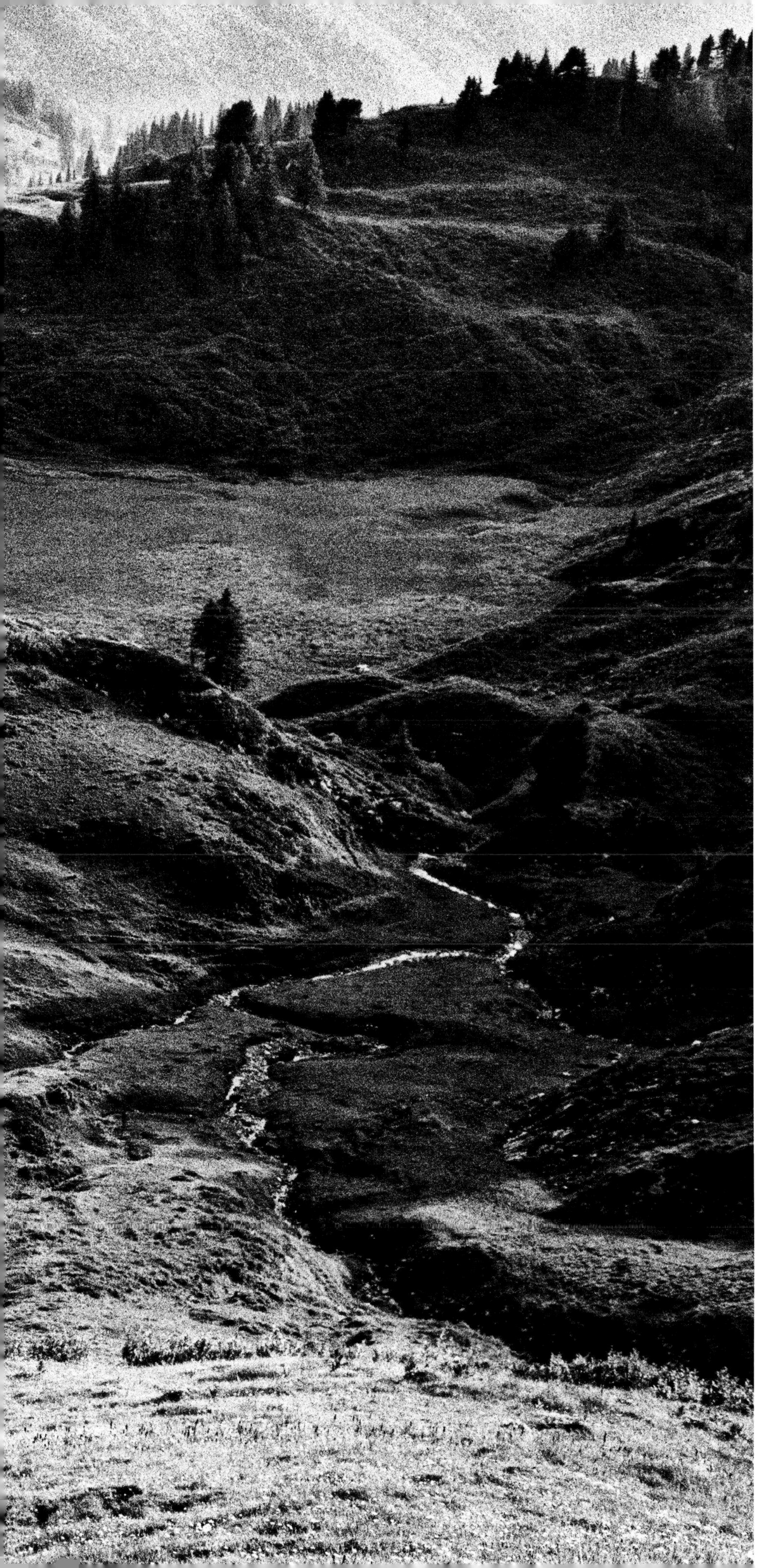

58 | 59

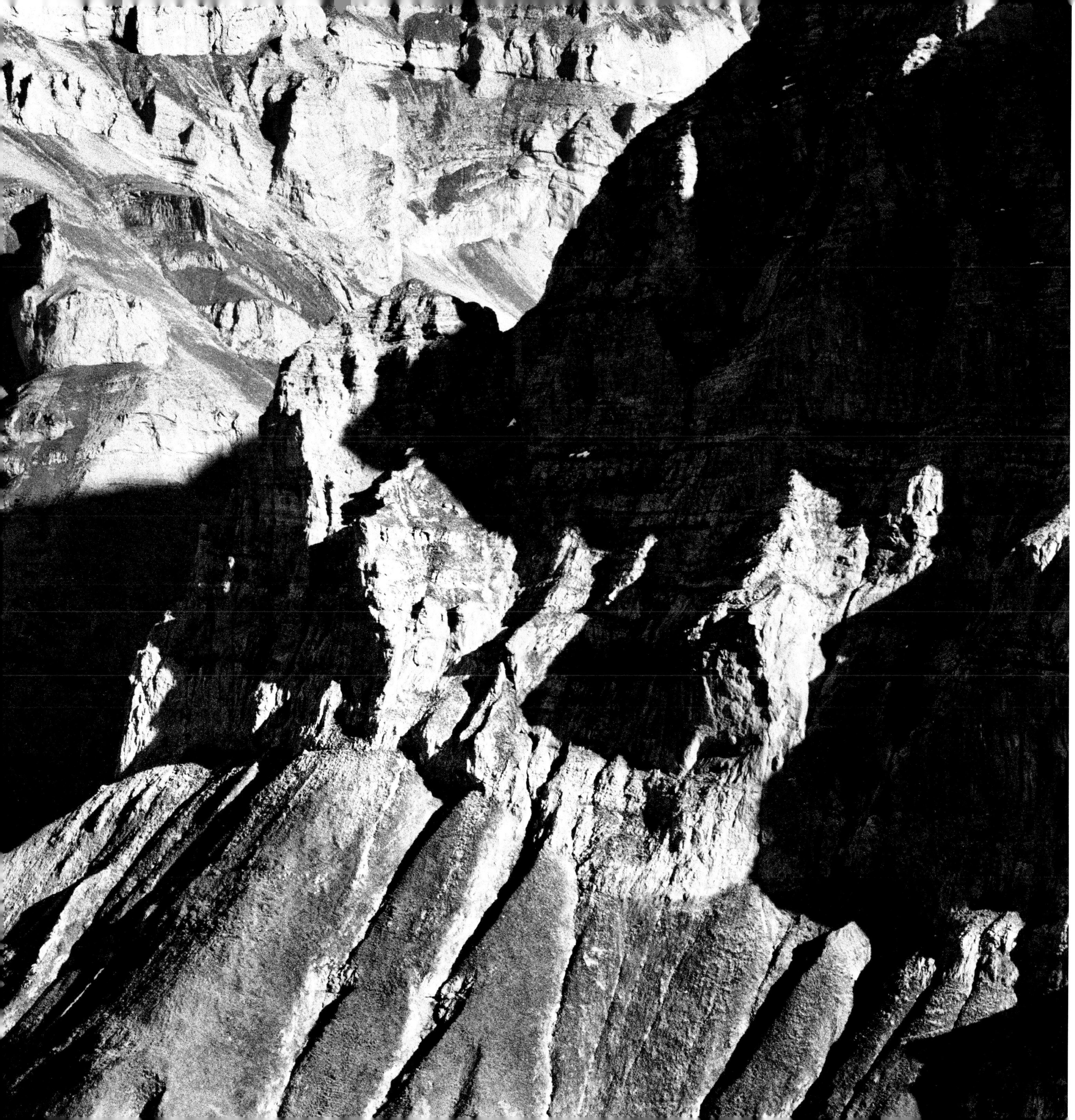

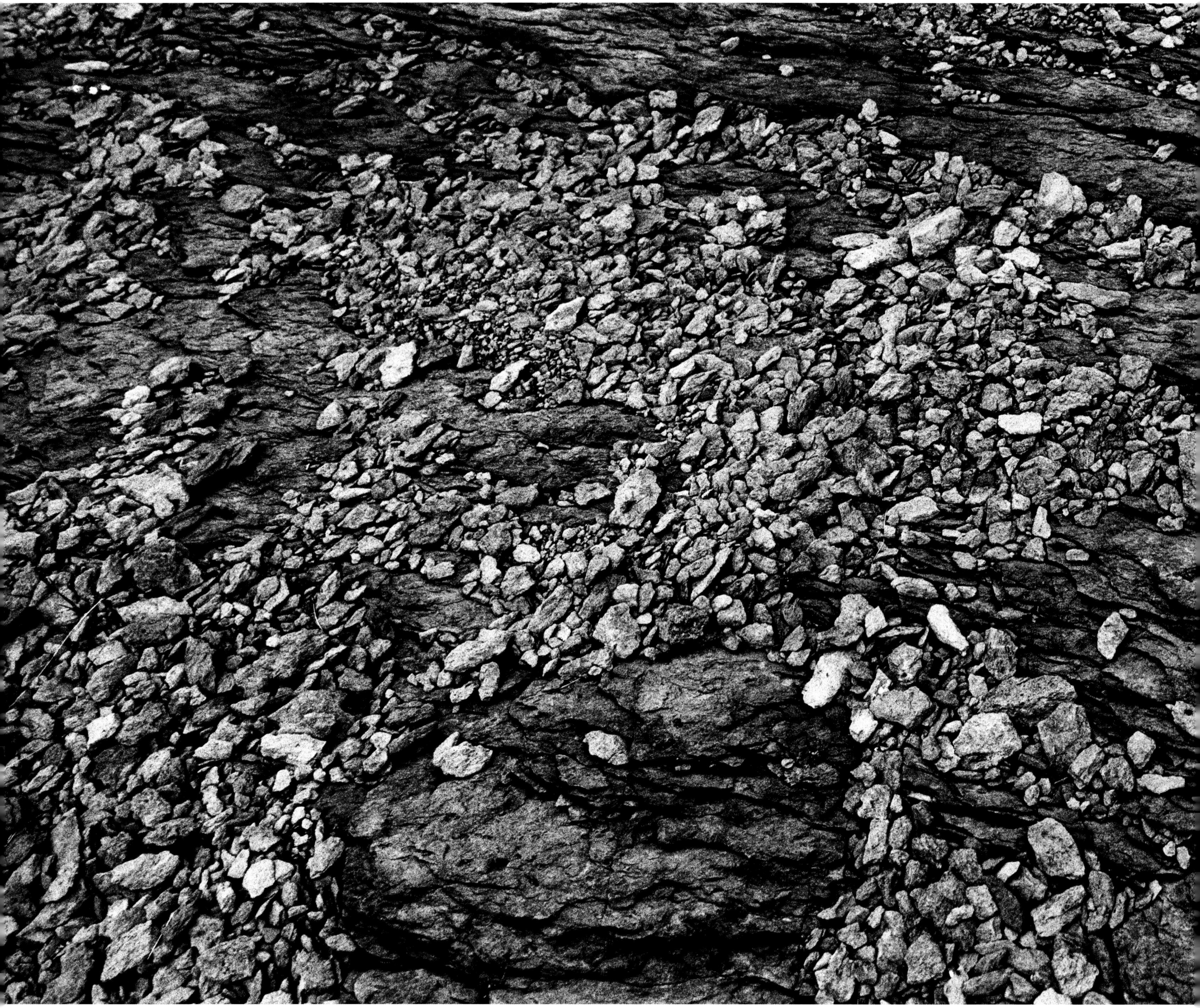

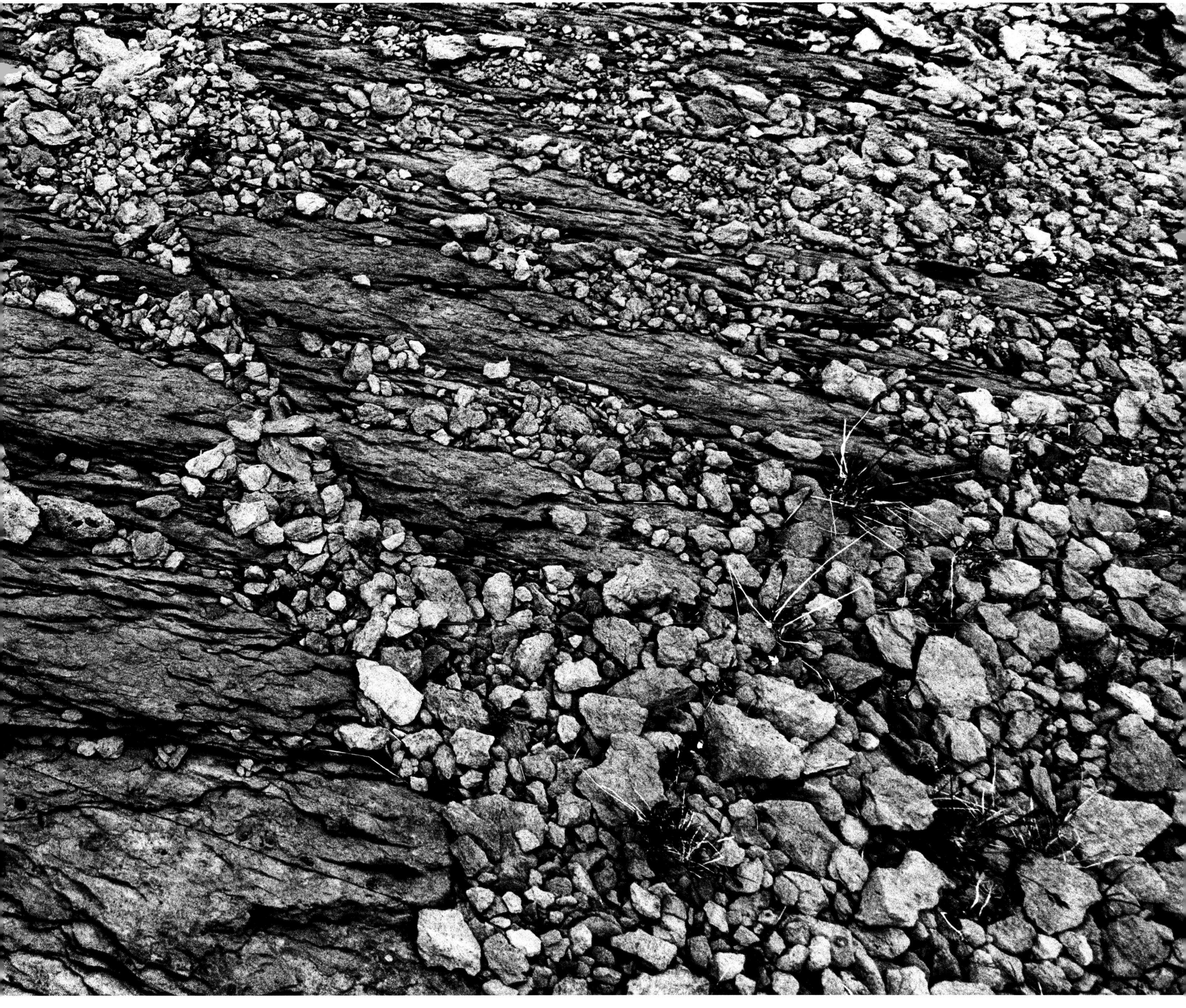

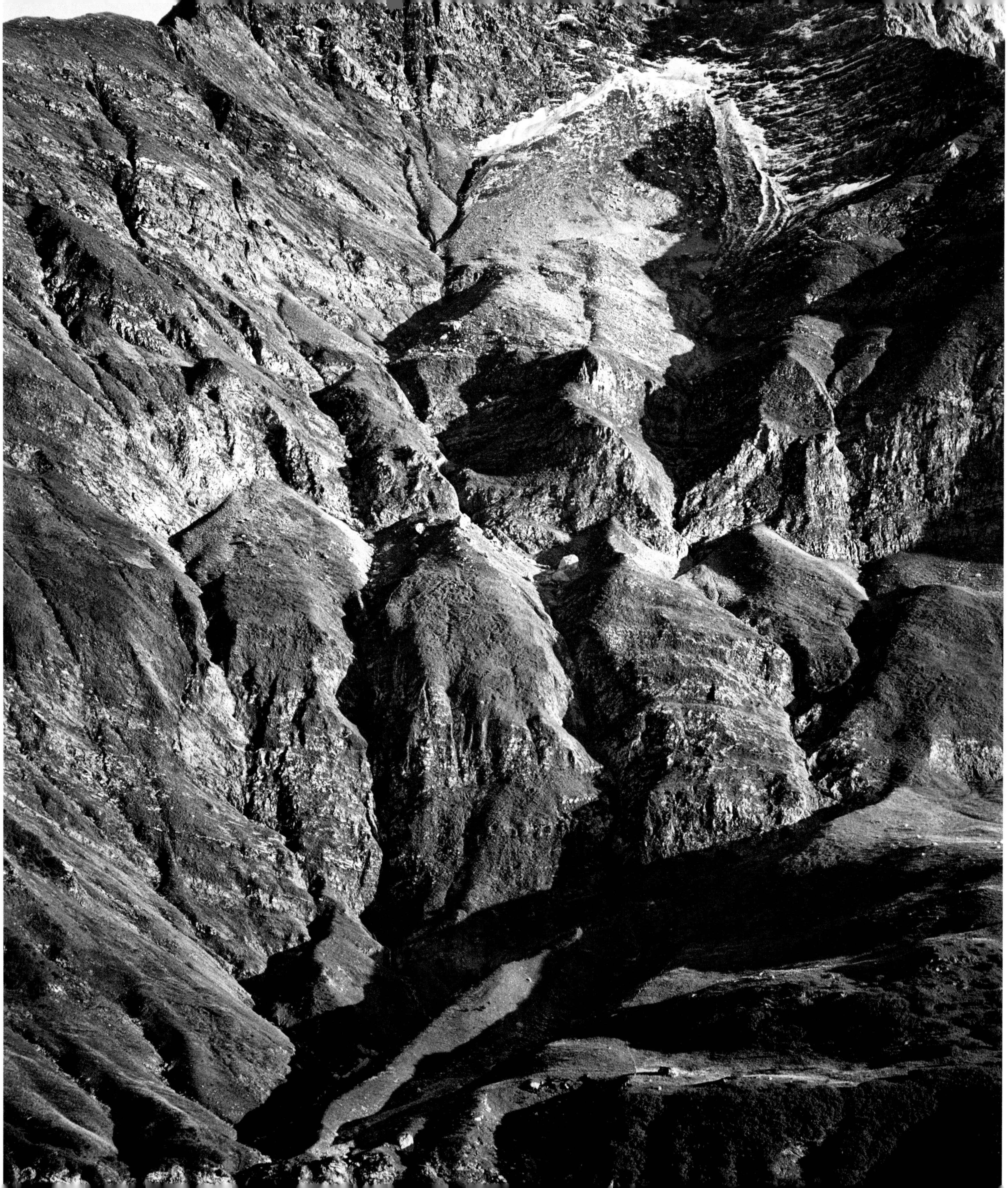

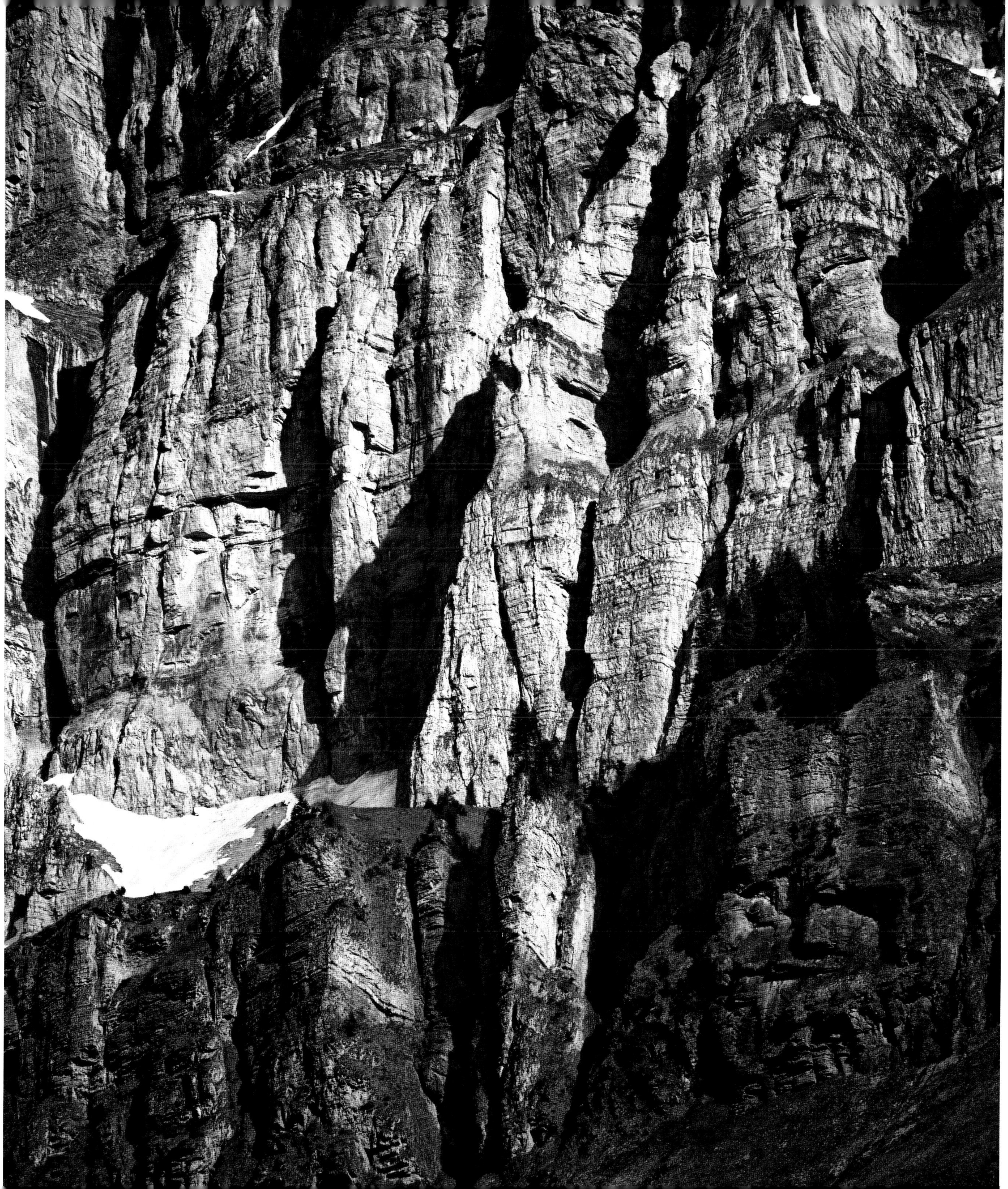

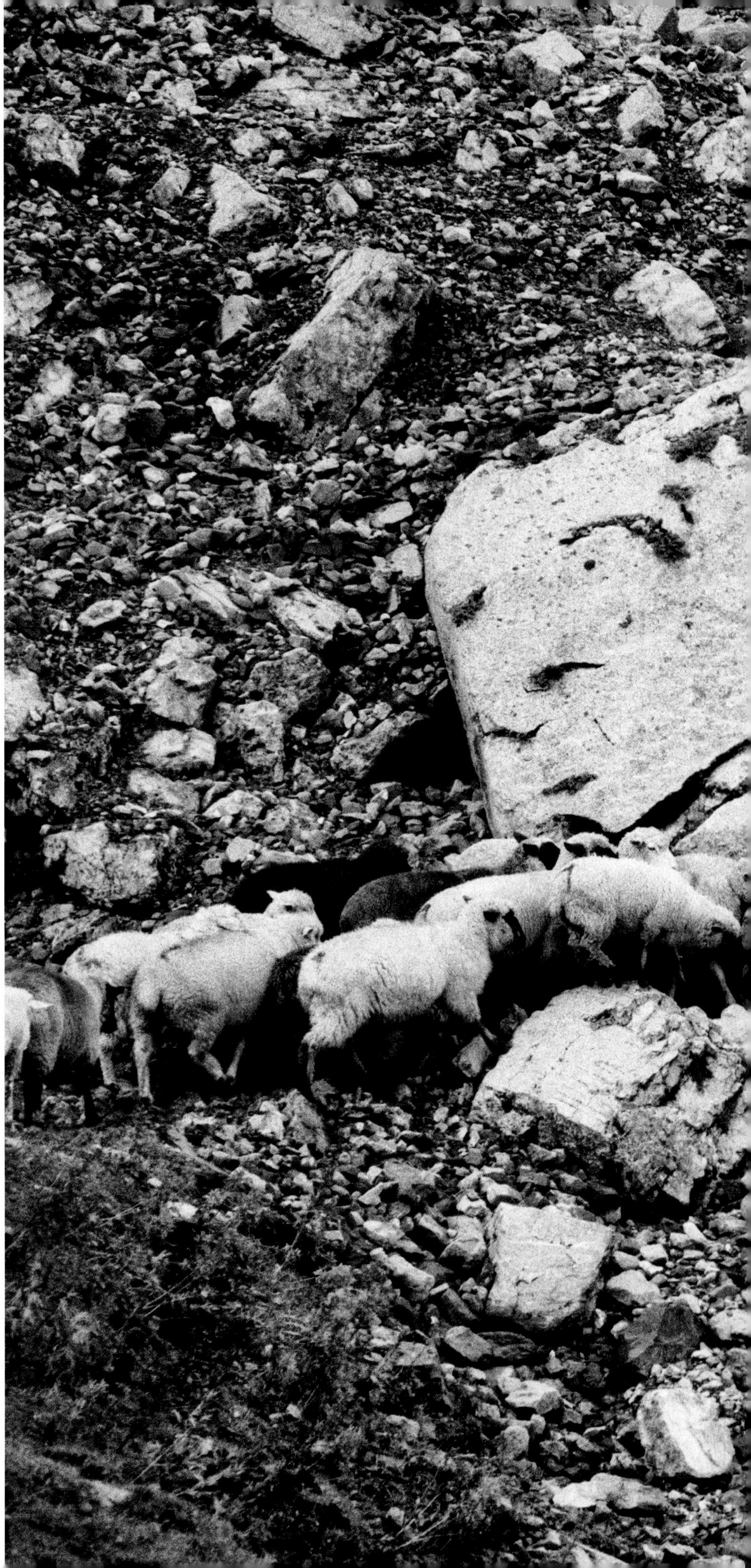

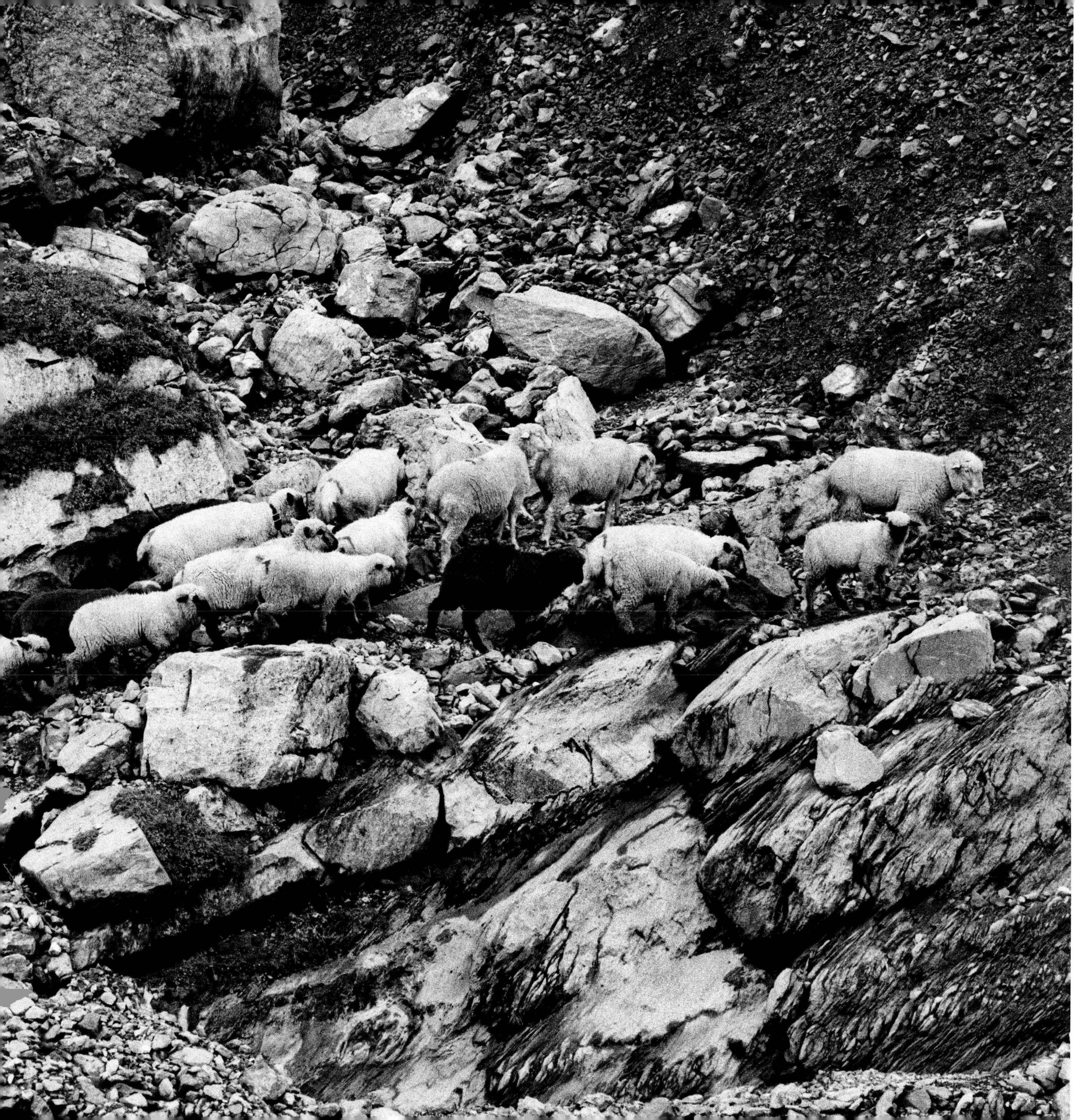

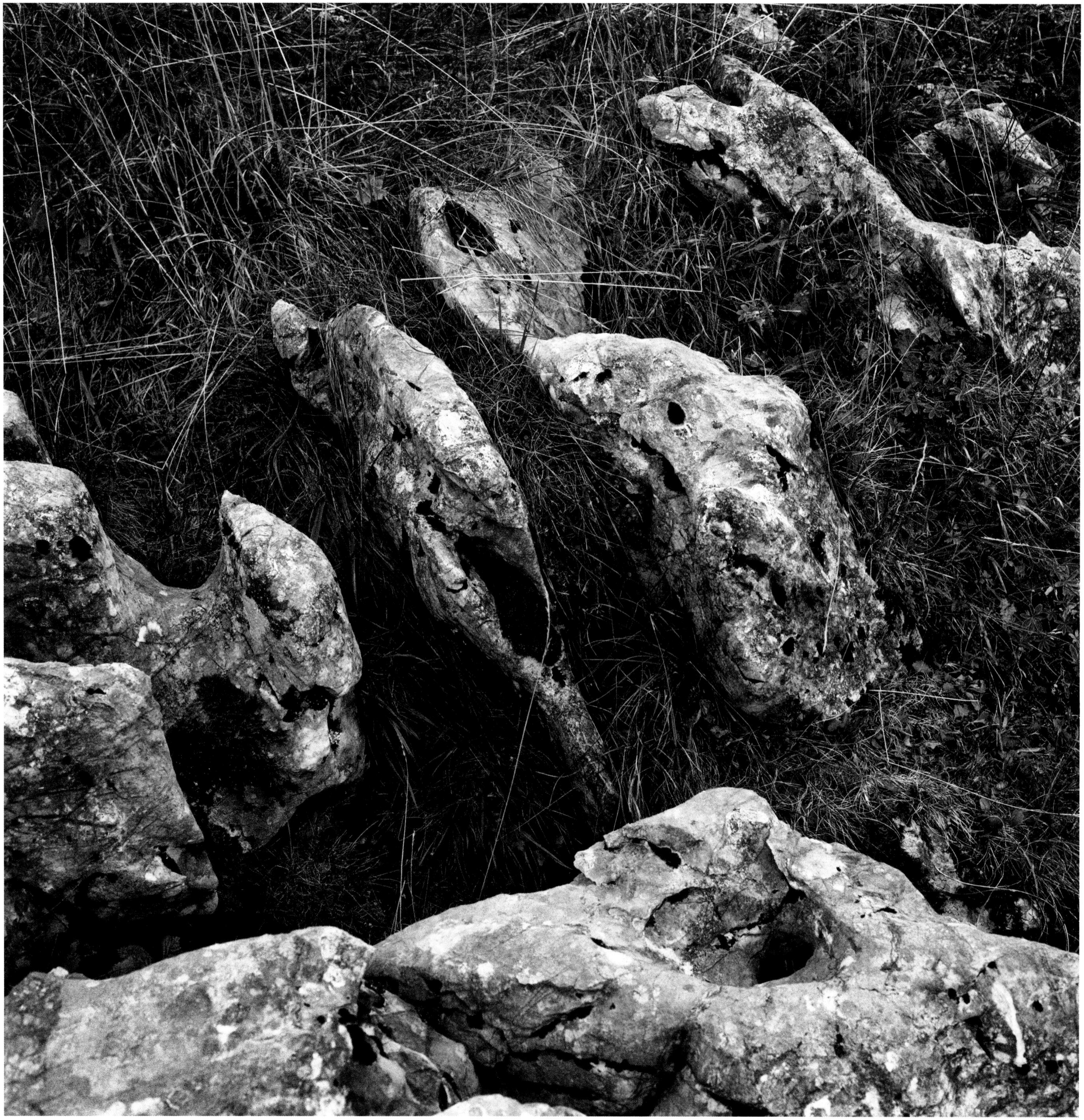

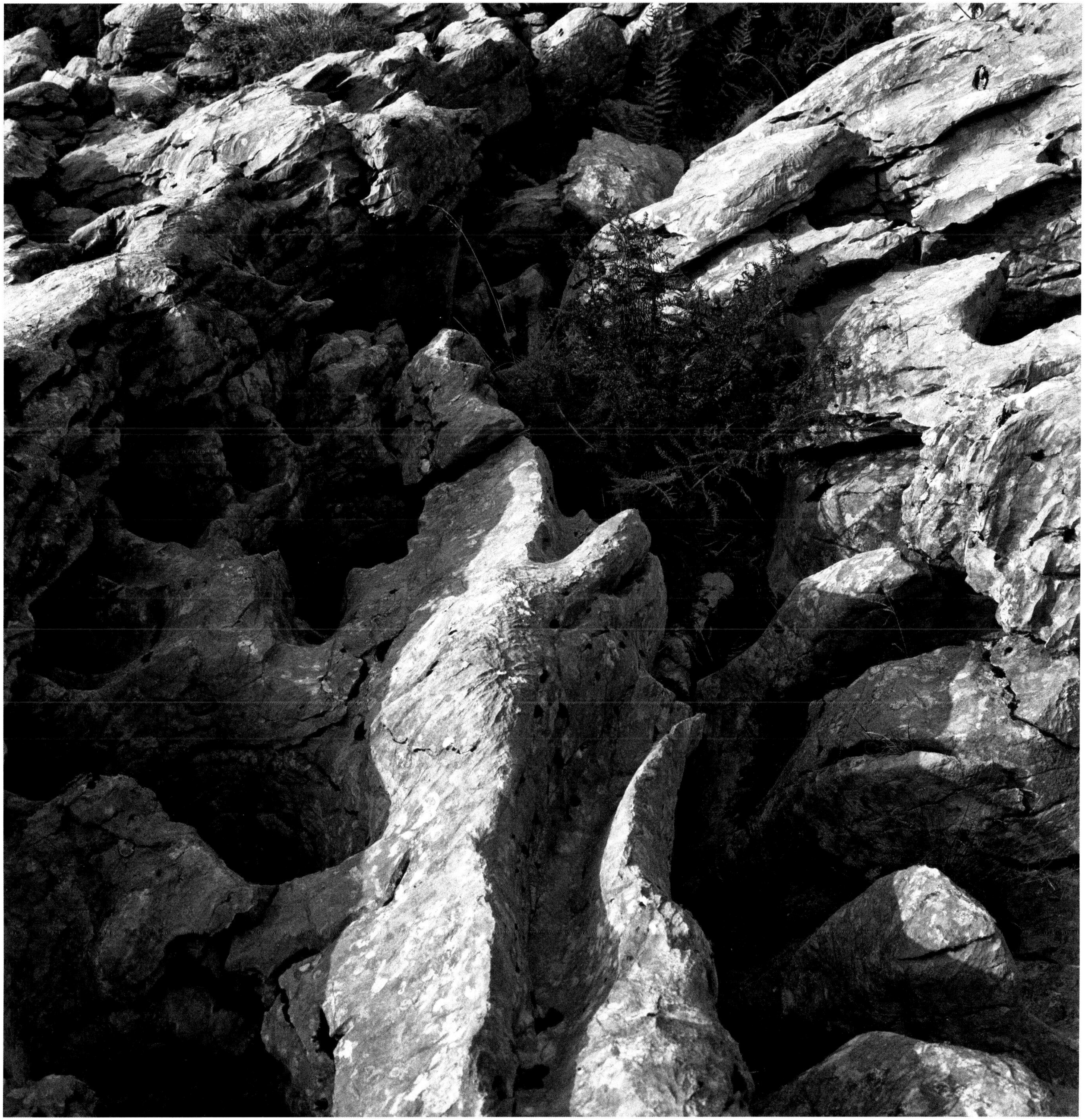

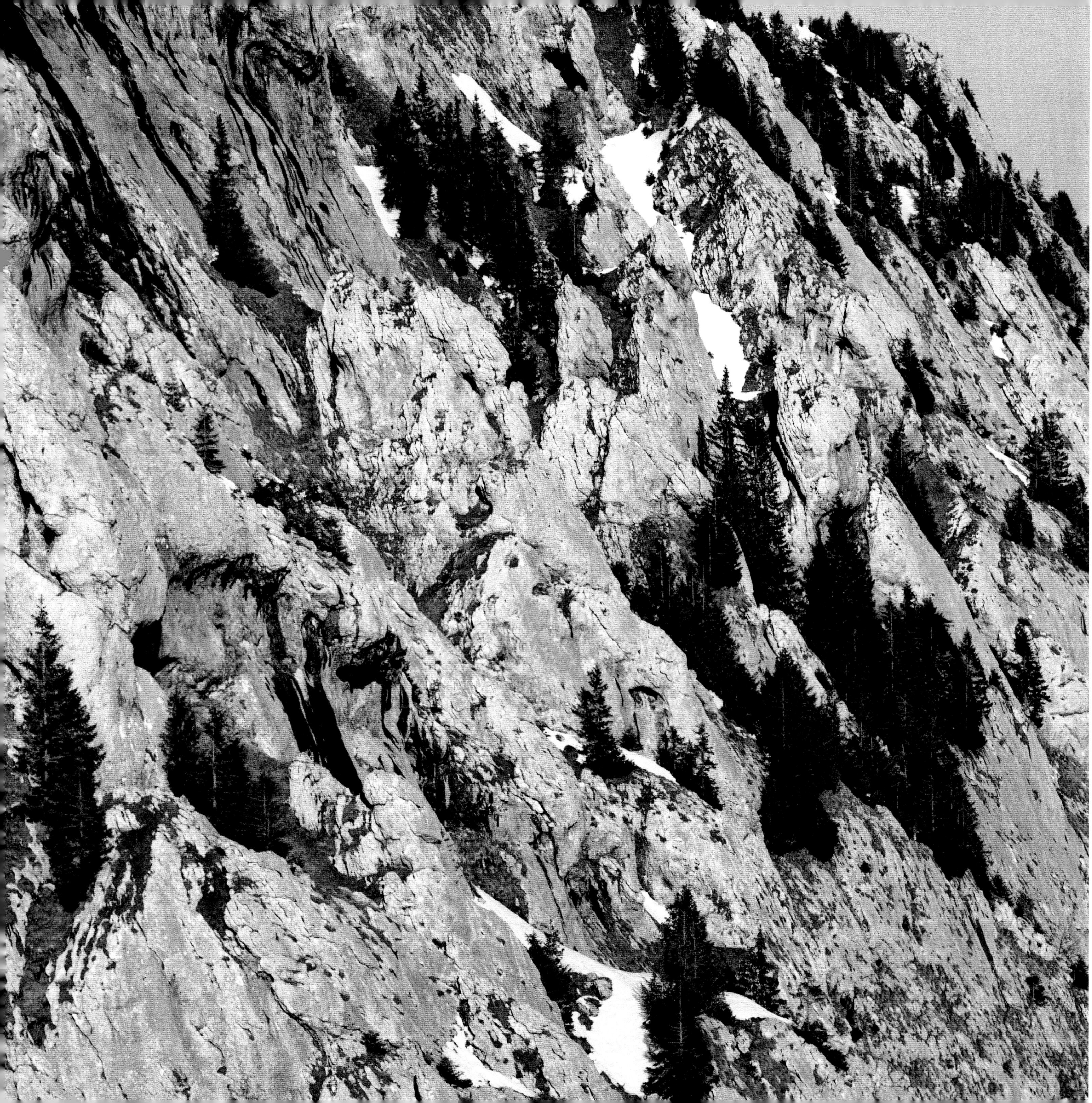

Der Alte sitzt alt am Bach und hört ihm zu.
Die Jungen kommen jung vom Berg mit dreitausend
Höhenmetern in den Knochen. Der Alte denkt:
So war es einmal. Die Jungen denken: So wird es sein.
Sie sagen: Guten Tag.

Durch die Kruste der Erfahrung noch einmal einen Bach
rauschen hören, wie er mir als Kind rauschte, noch einmal
von meinem Spiegelbild so fremd angeschaut werden,
wie es mich anschaute, als ich ein Jüngling war.

66 | 67

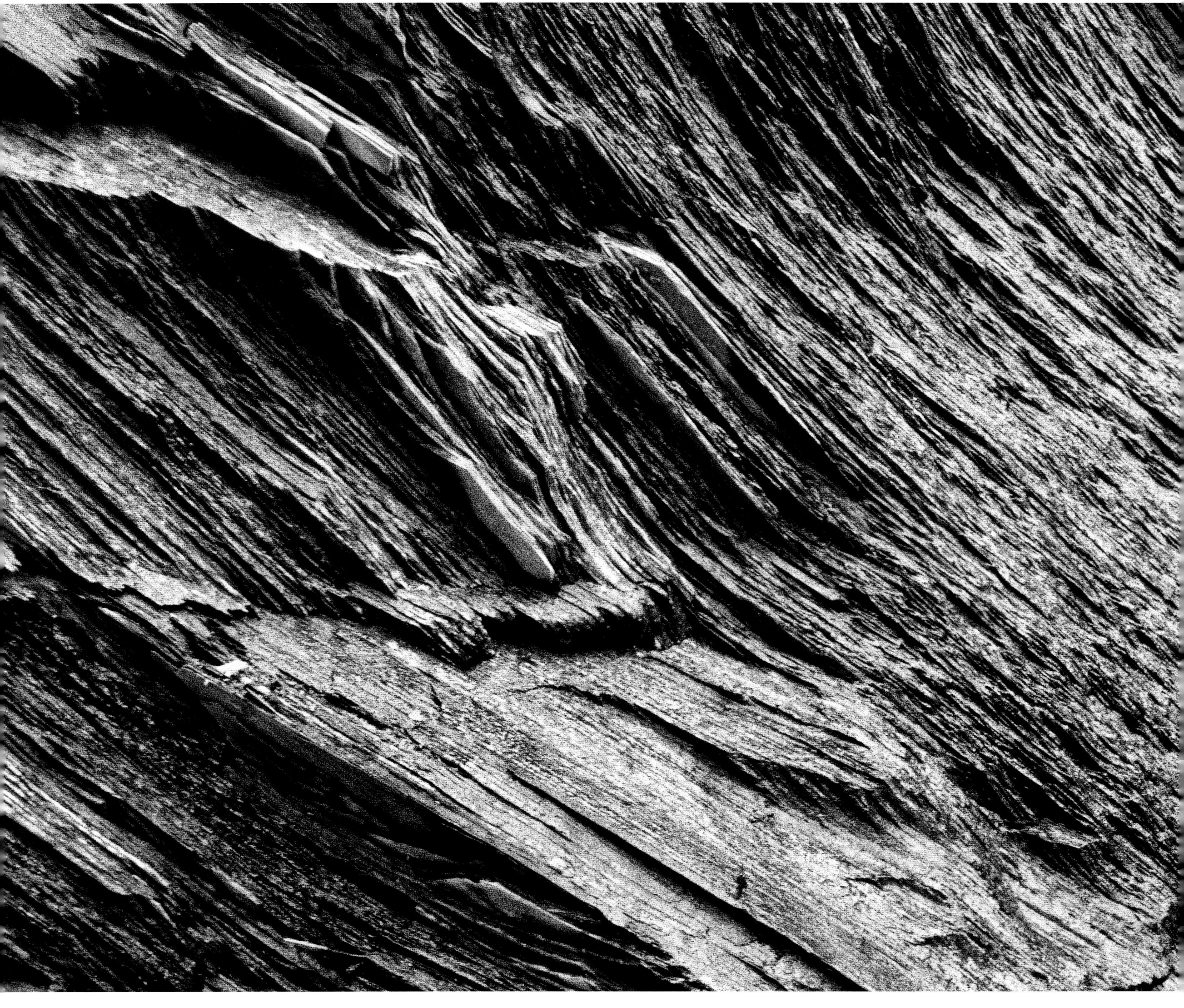

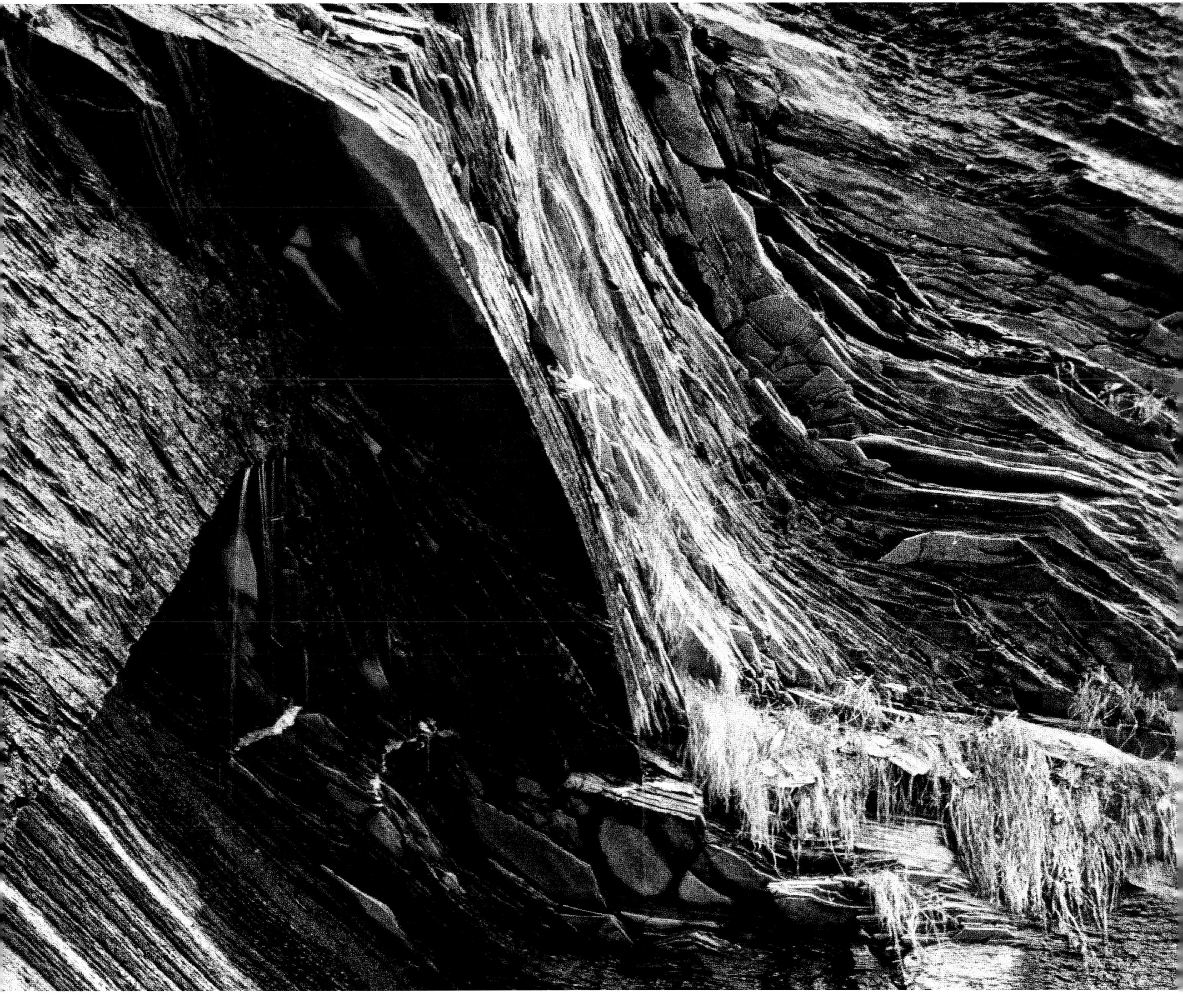

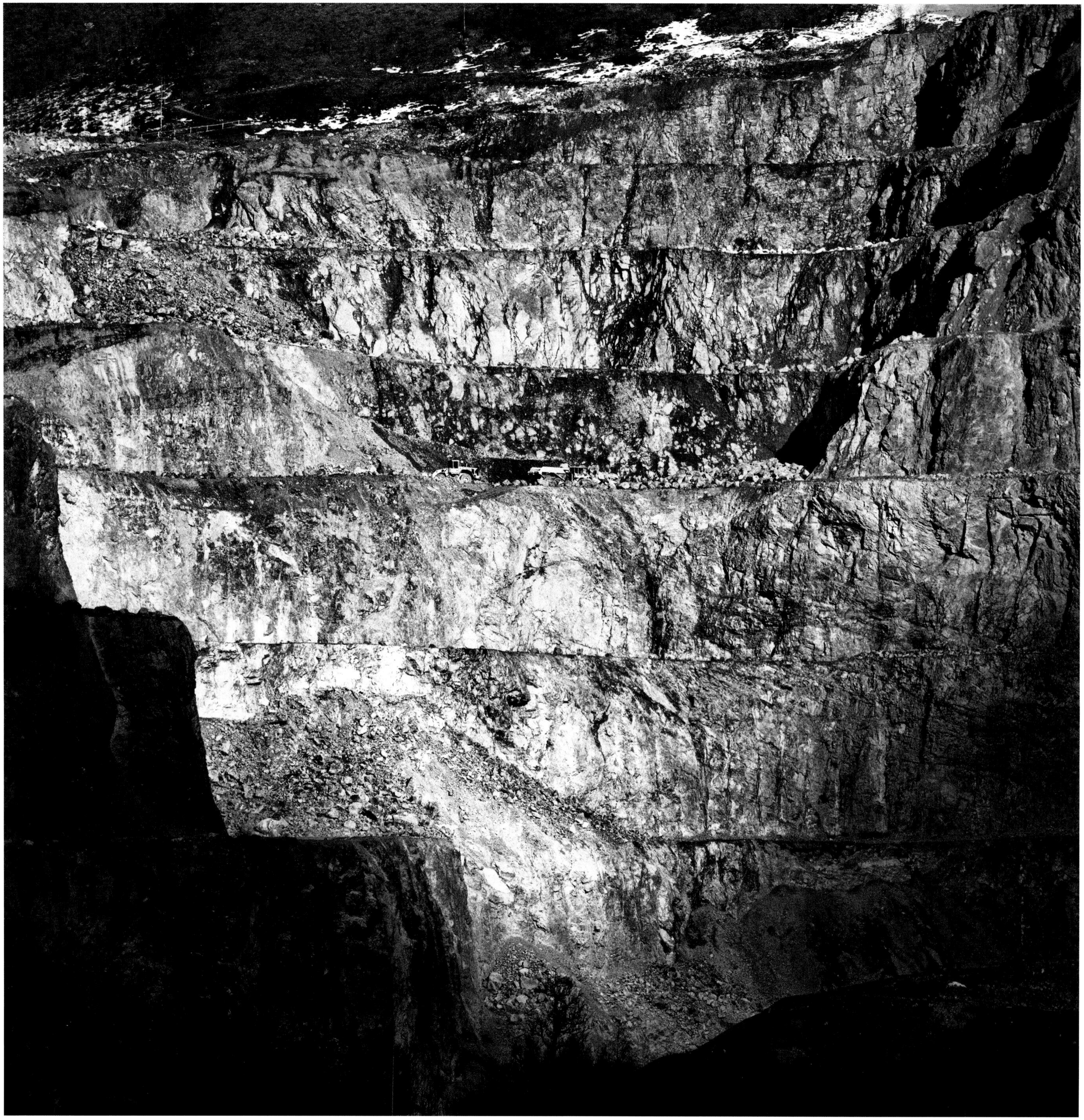

68

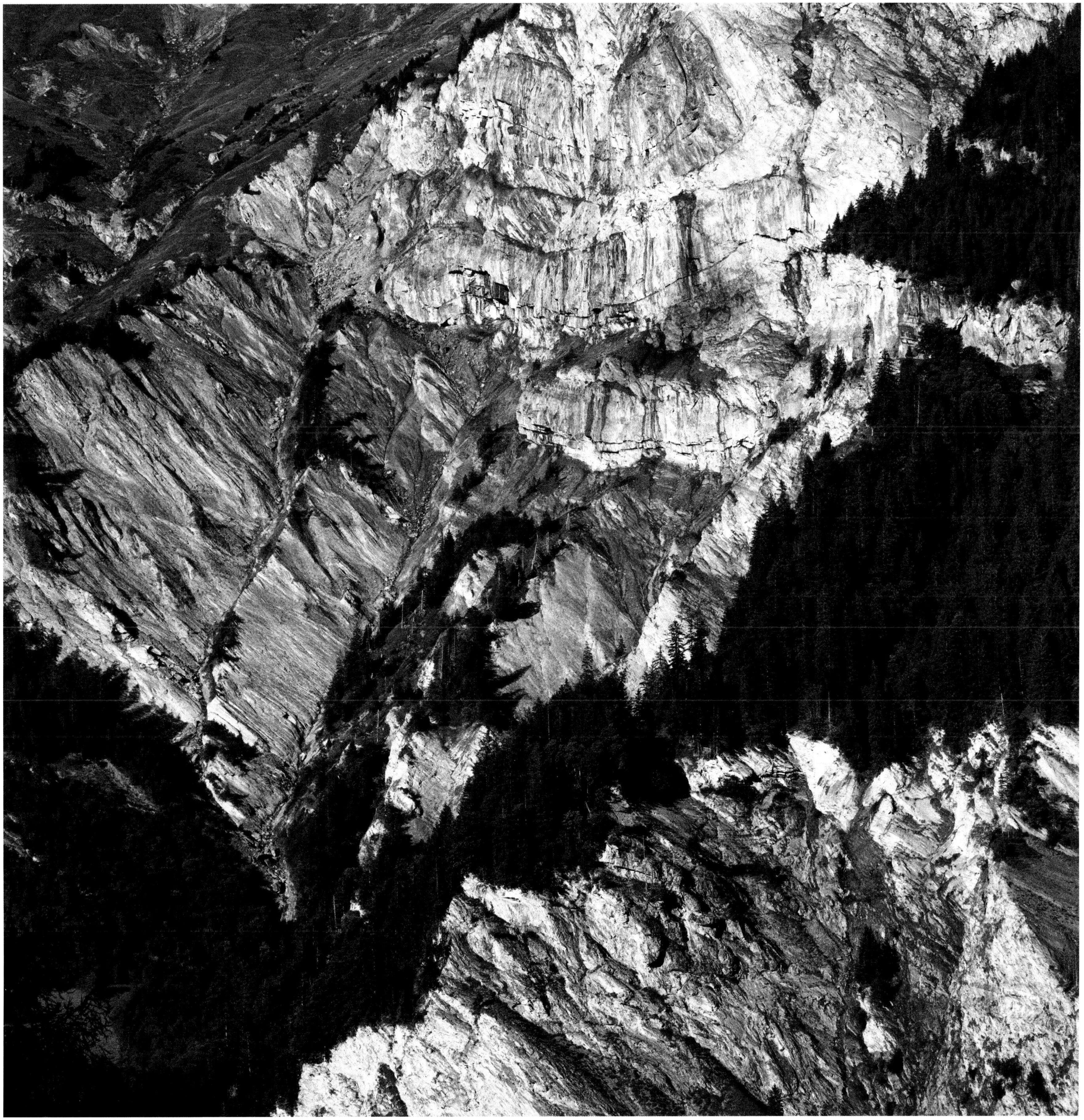

Unsere Erinnerungen an die Kindheit schwinden wie der
Schaumstreifen, den eine Welle am Sandstrand zurücklässt,
Bläschen um Bläschen. Am Schluss wundere ich mich,
dass die wenigen bleibenden Erinnerungen gerade diese sind.

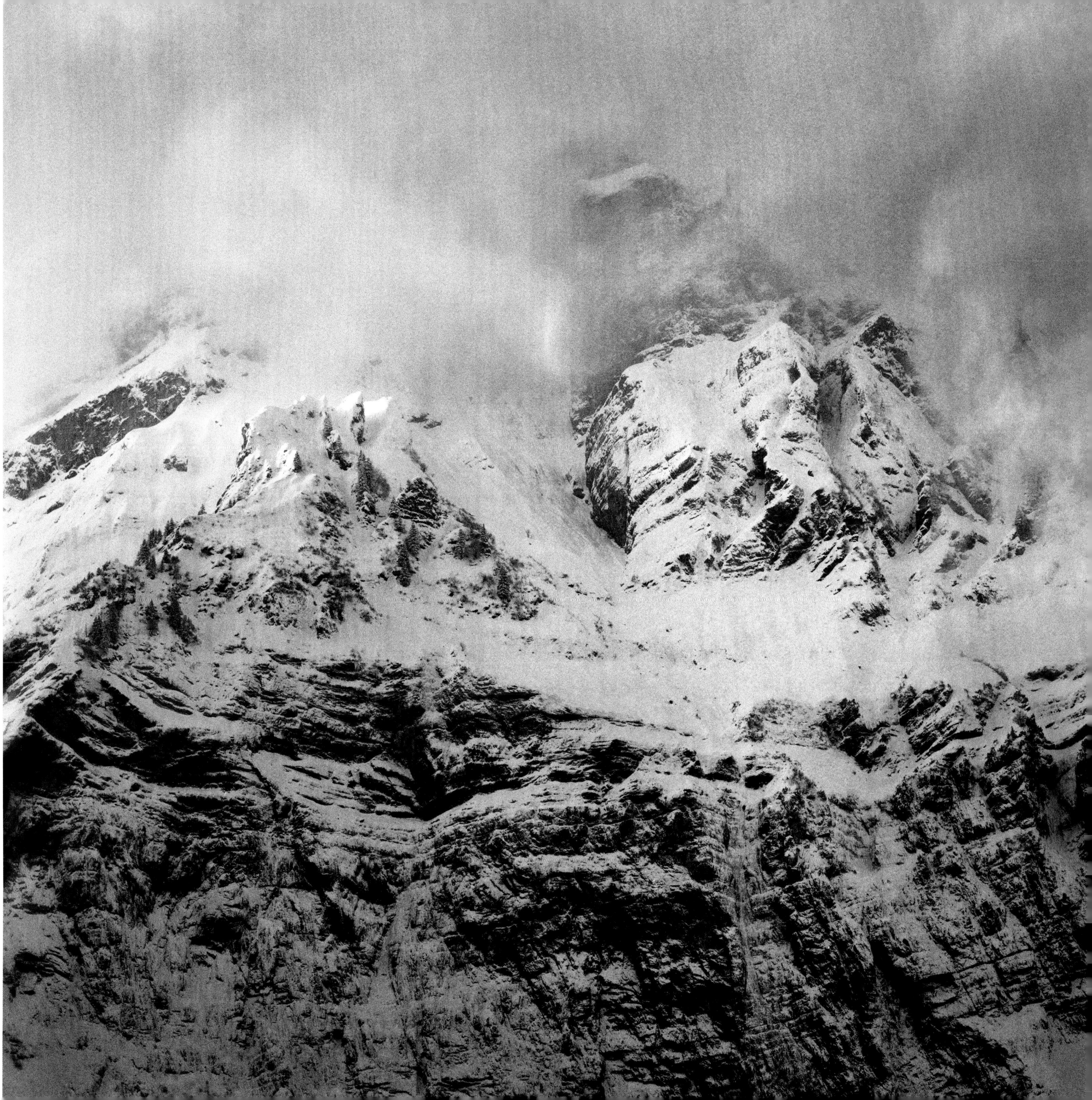

71

72

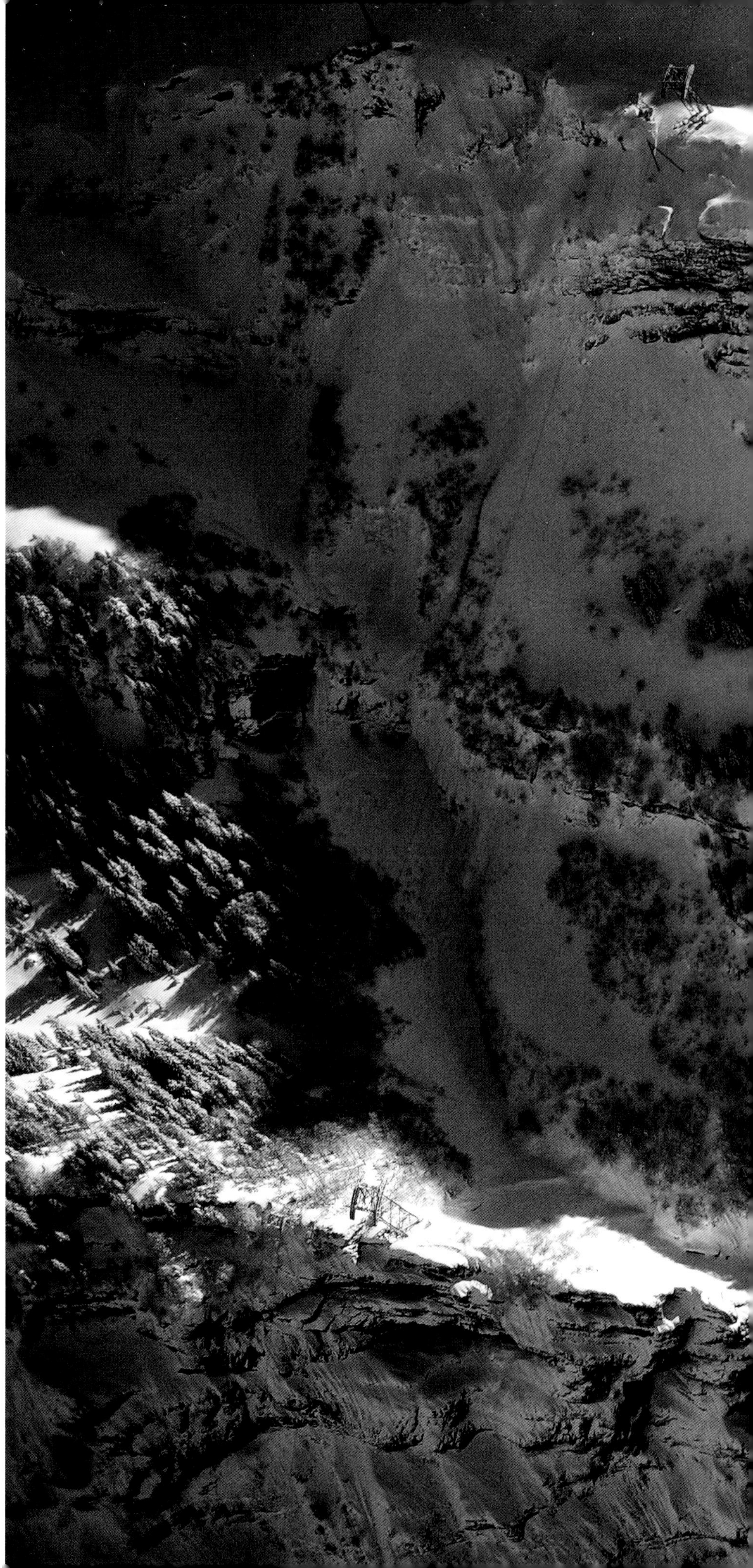

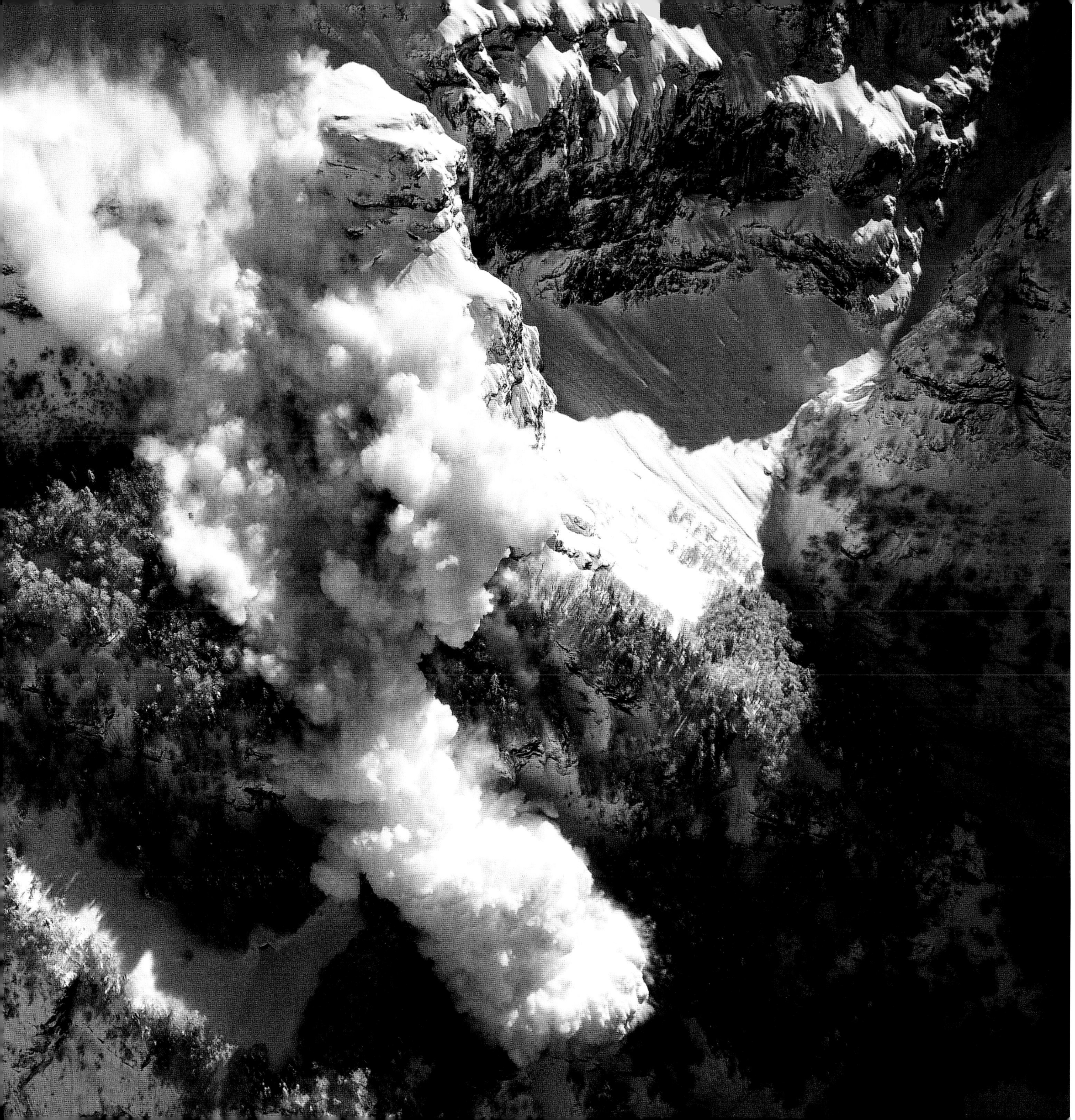

74

75

Wir stecken in unserer Wirklichkeit wie der Holzwurm in der seinen. Er bohrt sich durch die Orgelpfeife und ahnt nichts von der Herrlichkeit der Fuge, deren Töne ihn durchzittern.

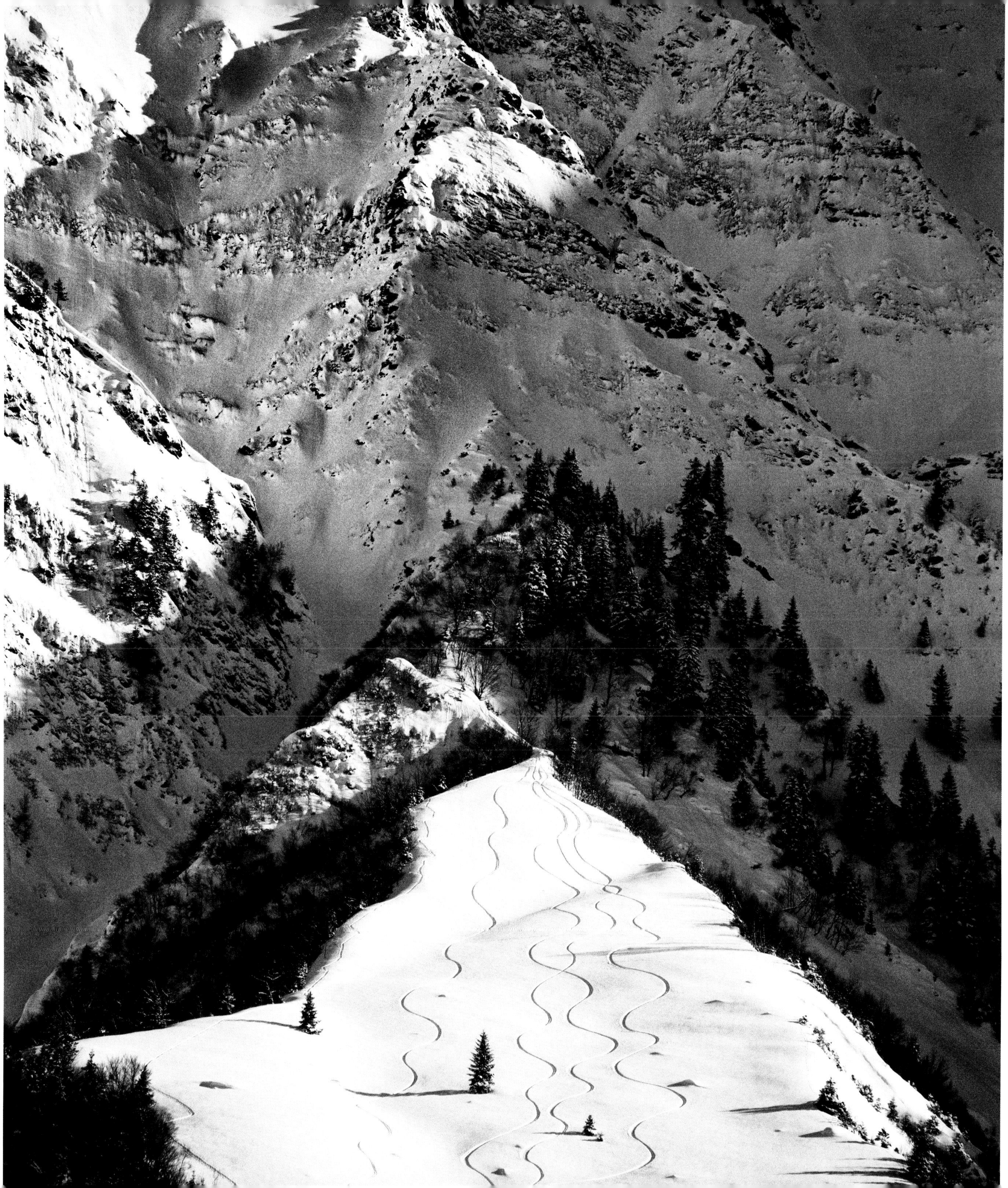

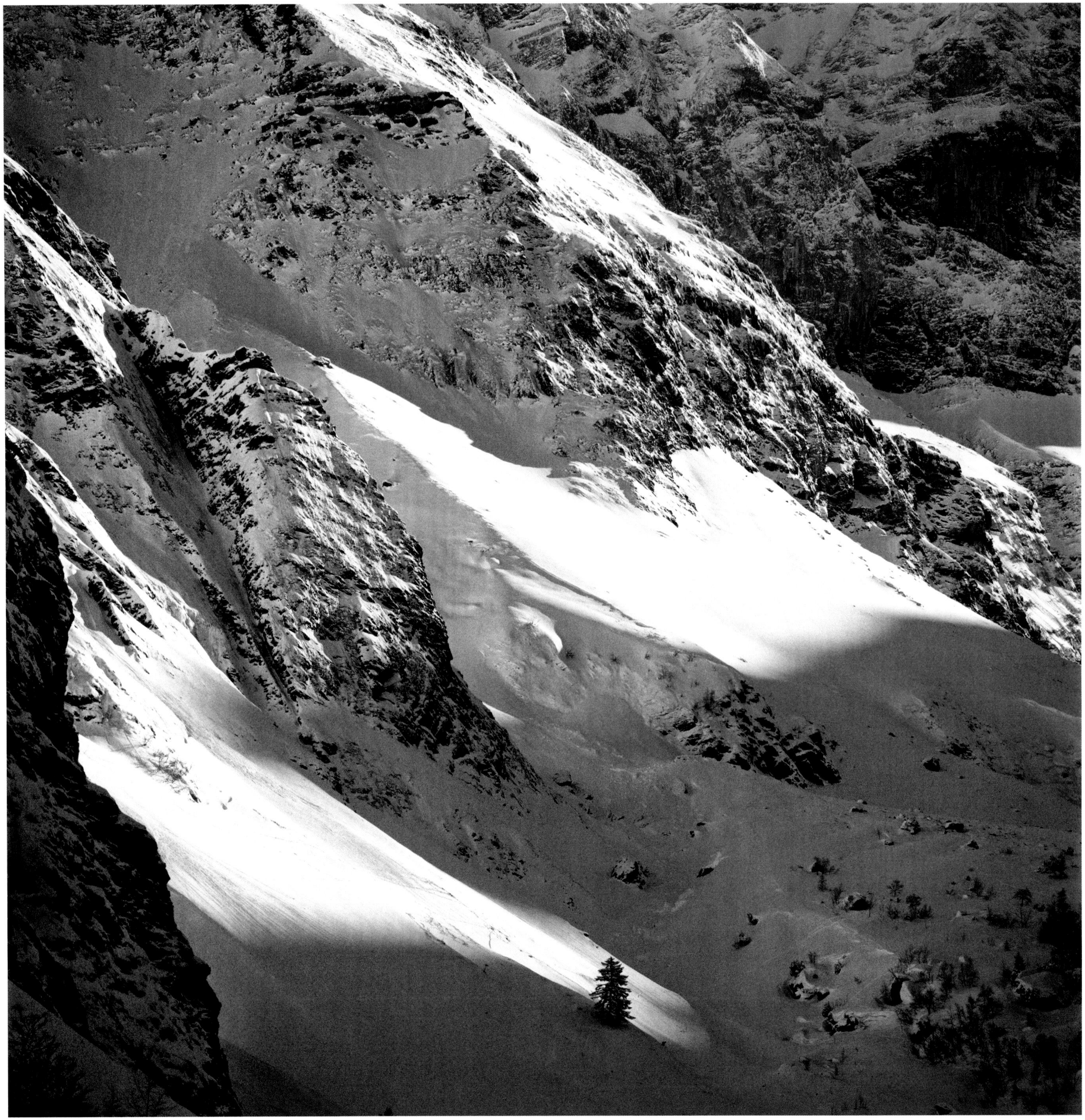

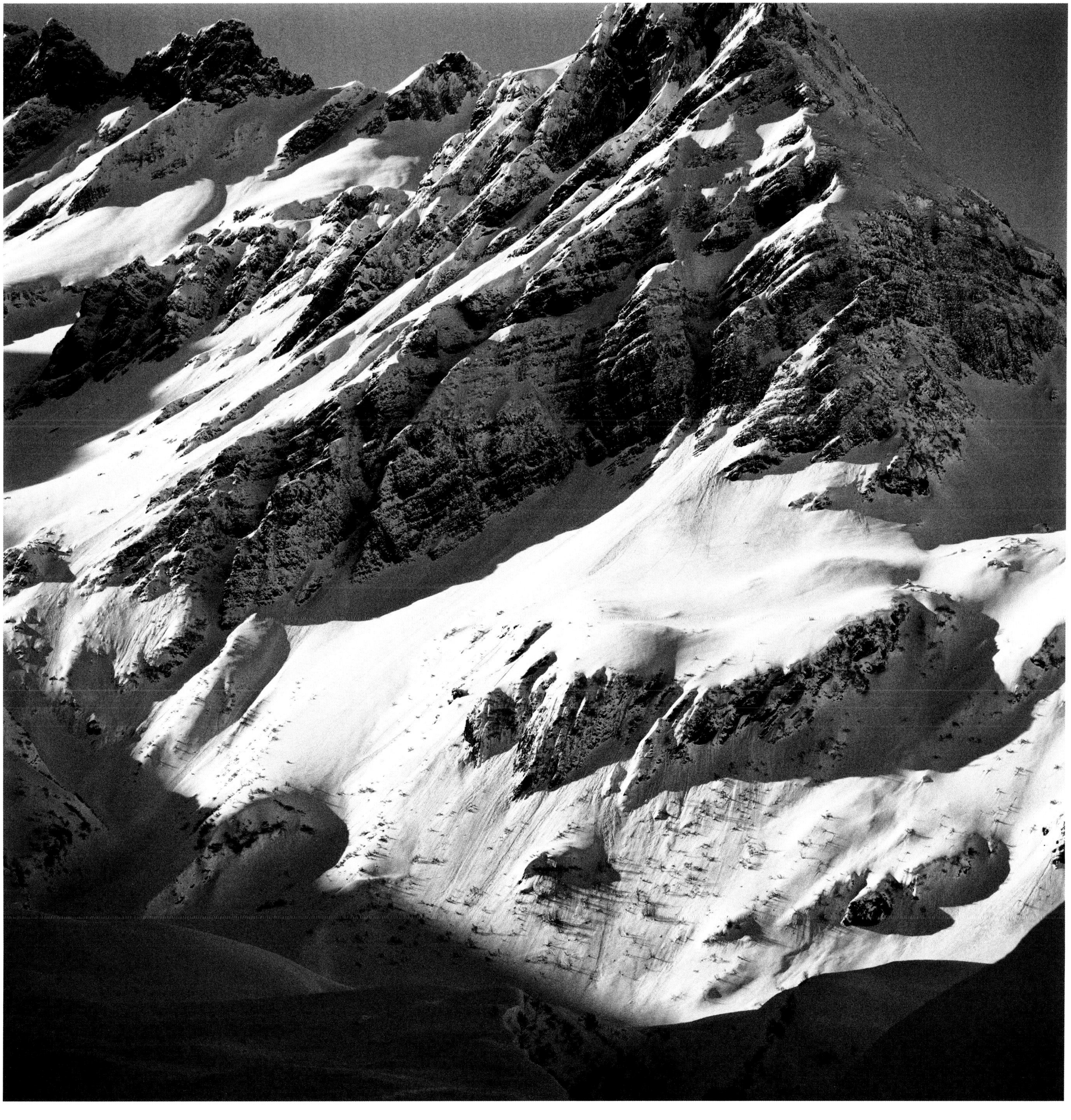

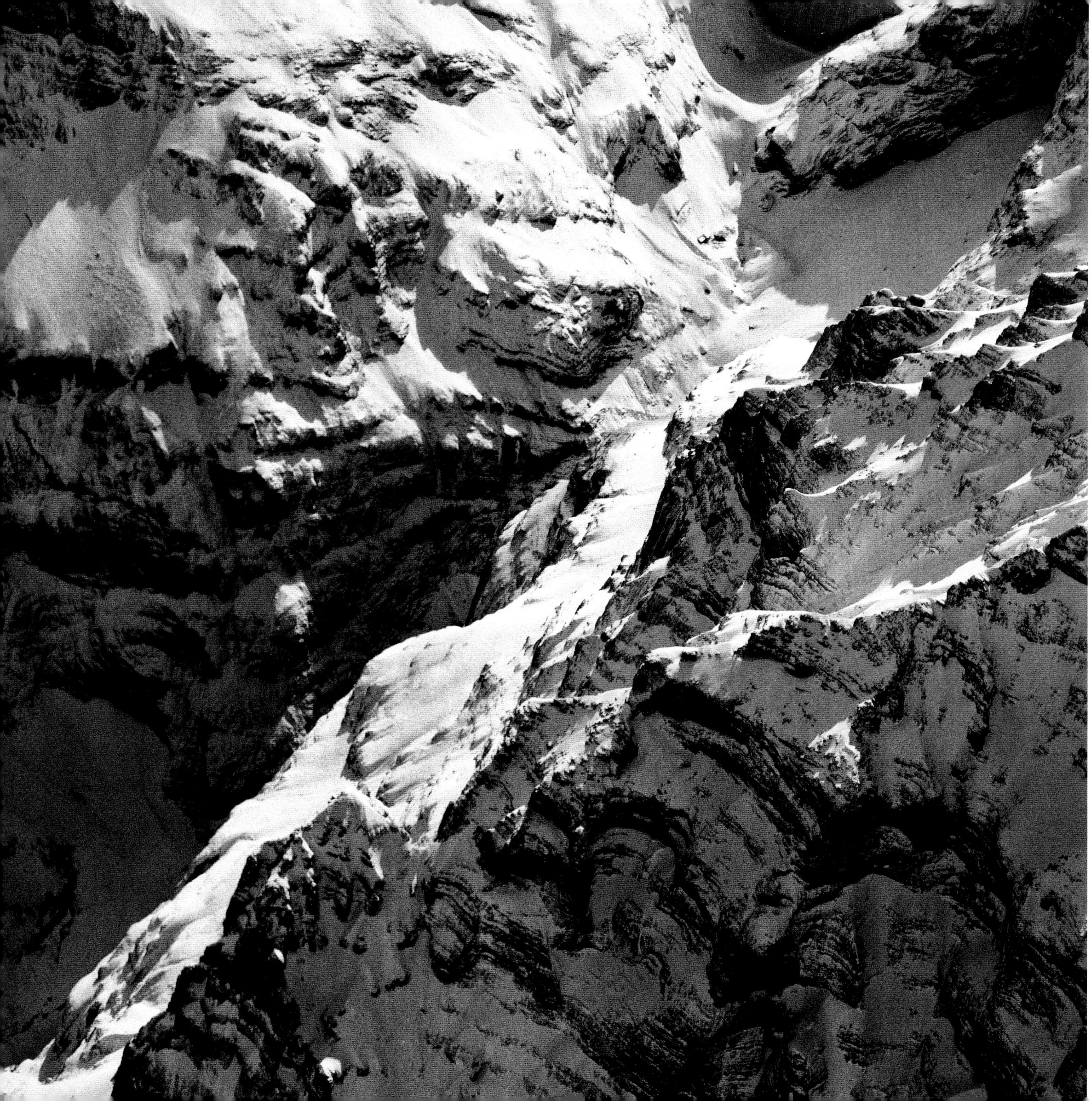

Morgen und Abend: Licht steigt herab, Dunkelheit hinauf.

80

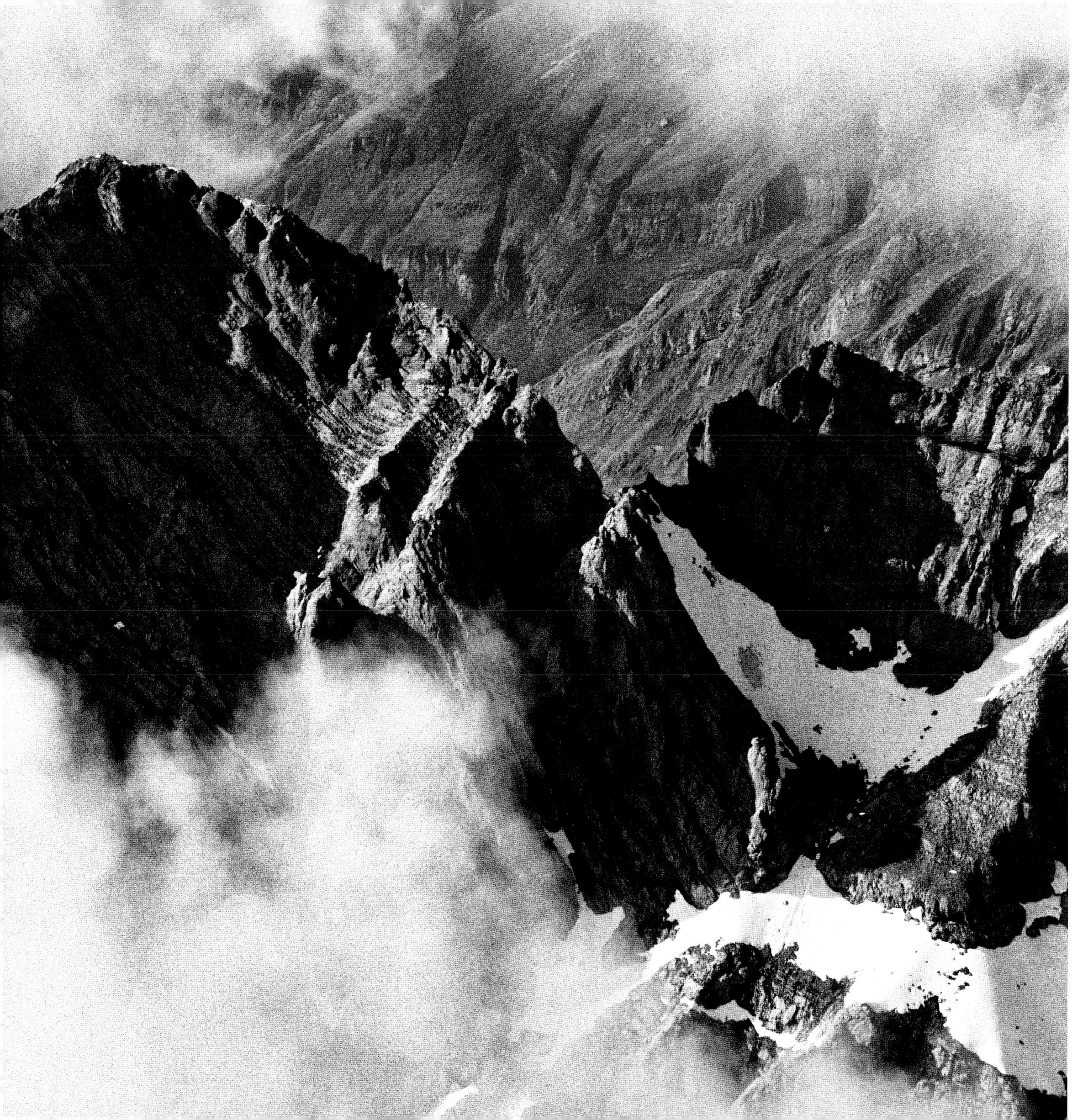

Rahel Marti

GLARNER RICHTUNGEN

Hinaus, hinein, hinauf und hinab

«Durusi» – hinaus, das war die Richtung meiner Kindheit. Hinaus aus dem Kleintal, in dem ich aufgewachsen bin. Sagten Mutter oder Vater: «Ich gehe heute durusi», verhiess das einen Hauch von Welt. Denn «durusi» meinte zumindest Schwanden, ein beachtlich grosses Dorf. «Durusi» konnte aber auch Glarus bedeuten: die Stadt. Geordnete Strassen, grosse Bauten aus Stein, manche pompös, und edle Geschäfte. Neues und Fremdes, Grösse, Öffentlichkeit, Anonymität. Das hiess: nicht mehr jeden zu kennen, der einem begegnete.

«Durusi» ist eine von vier Richtungen im Kanton Glarus – nur vier: hinaus oder hinein, hinauf oder hinab. Es gibt kein Hindurch oder Hinüber, kein Hin oder Her. Ein geordnetes Stück Welt. Immer sind Orientierung und Überschaubarkeit da. Und die Wahlmöglichkeiten klein. Selbst das grösste Seitental, das Kleintal, verläuft in derselben Richtung wie das Grosstal. Und es gibt keinen Ausgang. Sackgasse oder eben «Glarus einfach», wie es Otto Brühlmann und Fridolin Walcher schon einmal in einem gemeinsamen Buch genannt haben. Man fährt, bis man stecken bleibt – «grausame Geografie», meinte ein Journalist einmal. Im Gegensatz zu Uri etwa, dem Nachbarkanton, der es an geografischer Gerichtetheit noch am ehesten mit Glarus aufnehmen kann. Uri hat einen Ausgang – einen künstlichen zwar, aber bedeutend für ganz Europa. Der Gotthardtunnel macht aus Uri einen Durchgangs- und Durchzugskanton. Da wirkt das Glarnerland bergender mit seinen fest verschlossenen Enden. Zwar hat man auch diese aufzusperren versucht, mit einer Strasse über den Panixer, einer Bahn am Tödi vorbei ins Tessin. Aber diese Handstreiche der Verkehrstechnokratie sind längst gebodigt. Es blieb bei den Hinterausgängen: über den Klausen im Sommer, über den Panixer zu Fuss. Im Gross- wie im Kleintal steht man zuhinterst an, an der Vertikalen. Hinter Elm am Hausstock, der den Talschluss umarmt und ihn zum Kessel rundet, und hinter Linthal am scharfen Nordgrat des Selbsanft, pyramidaler Schlussstein, der allen Erwartungen, was da noch kommen möge, das Ende setzt. Hinaus, hinein, hinauf oder hinunter: Vier Richtungen für einen ganzen Kanton. Wie konsequent!

Von vorn

Den Felswänden ist dieses Buch gewidmet, der Vertikalen. Setzen wir ihr die Horizontale entgegen: Was ist darunter, unter den Gipfeln und Graten? Zwischen den Wänden und Hängen? Wie lebt es sich im Kanton Glarus?

Betrachten wir, was da ist. 685 Quadratkilometer, steil, eng und gebirgig. Besiedelt und bewirtschaftet ist ein gutes Drittel davon, der Rest: Grasflanken, Waldtäler und Gehölz, Felswände, Schneefelder und Gletscher. Knapp 40 000 Einwohnerinnen und Einwohner teilen sich den Talboden. Ihre 29 Dörfer – Glarus gilt zwar historisch als Stadt, nicht aber statistisch – reihen sich hintereinander, wie die Steinchen einer Kette. Darunter manche Perle: Wer im Bundesinventar der schützenswerten Ortsbilder der Schweiz nachschlägt, findet darin Glarus, die elegante Planstadt, errichtet nach dem Brand 1861 und ein städtebauliches Schmuckstück bis heute. Weiter die Dorfkerne von Rüti, Diesbach, Elm und Mollis, die Weiler Steinibach bei Elm und Adlenbach bei Luchsingen, aber auch Ennenda und Näfels, die das Bundesinventar als national bedeutende «verstädterte Dörfer» einstuft, schliesslich Ziegelbrücke mit seinen Fabrikensembles.

«Schönschweiz» und «Gebrauchsschweiz» unterscheidet der Architekturkritiker Benedikt Loderer. Auch im Kanton Glarus gibt es neben den «Schönorten» die «Gebrauchsorte»: das, was sich um die Dorfkerne herum ansammelt. Einkaufszentren, Parkplätze, Industrie- und Gewerbequartiere mit groben, teils billigen neuen Bauklötzen, Imbissrestaurants mit Autovorfahrten, Sportanlagen mit Werbetürmen, Einfamilienhausfelder und immer mehr schnell hochgezogene Mehrfamilienhausquartiere. Alles Neue ist autogerecht proportioniert und platziert, denn das Privatauto als Fortbewegungsmittel dominiert.

Die 29 Dörfer verbinden sich 2011 zu drei Gemeinden, die markanteste Gemeindefusion in der Geschichte des Landes. Die neuen Gemeindegrenzen folgen der traditionellen regionalen Aufteilung: Das frühere Unterland wird zu Glarus Nord, das Mittelland zu Glarus, das Hinterland zu Glarus Süd. Alle drei Gemeinden klammern sich ans «Glarus», als ob sie den mutigen Schritt nicht auch noch mit einem neuen Namen betonen wollten. Vom Rest der Welt ist es allerdings viel verlangt, die drei Namen auseinanderzuhalten – vielleicht wächst der Kanton dadurch von aussen betrachtet noch stärker zusammen? Von innen besehen trennen die neuen Gemeinden aber grabenartige Unterschiede im Wachstum ihrer Bevölkerung und Siedlungen. Zwischen vorn und hinten geht die Entwicklungsschere auf – der Kanton Glarus hat sein eigenes Nord-Süd-Gefälle.

Beginnen wir zuvorderst: Näfels hält seine Bevölkerungszahl, Niederurnen, Oberurnen und Mollis wachsen, am stärksten aber Bilten: Es hat 2010 knapp über 2000 Einwohnerinnen und Einwohner – 7,8 Prozent mehr als im Jahr 2000. Das Dorf liegt noch vor dem Glarner Taleinschnitt. Funktional, also was Wirtschafts- und Pendlerbeziehungen betrifft, zählt Bilten deshalb weniger zu Glarus als zum Schwyzer Bezirk March – und dieser zur Agglomeration Zürich. Dies gilt schleichend, bis auf die drei Kerenzerbergdörfer, für ganz Glarus Nord. Zürichs Sog hat es erfasst.

Unübersehbar schlägt sich das Wachstum im Siedlungsbild nieder. Mollis baut Hang für Hang mit Villen und Eigentumswohnungen für ein gehobenes Publikum zu. Oberurnen arbeitet sich mit Mehrfamilienhäusern nach Näfels vor. Der Näfelser Einfamilienhausbrei ergiesst sich seit Jahren in die Ebene Richtung Netstal. Und an Netstals Nordeingang stösst ein Gewerbewürfel nach dem anderen aus dem Boden. Die Peripherie-Kultur hat Glarus Nord erfasst. Belege dafür sammeln sich entlang der Hauptstrasse wie das Einkaufszentrum im Gebiet «Krumm» in Näfels, ein schnurgerader Shoppingbau mit grossem Parkplatz direkt an der Strasse und so lang, dass er von einem Kreisel zum nächsten reicht. In Glarus Nord geht erst jetzt – oder noch immer – vor sich, was seit Jahrzehnten als Periurbanisierung kritisiert wird: Einkaufszentren am Rand mit ihren dem Ortszusammenhang enthobenen, kommerzialisierten Wandelhallen locken die Auto fahrenden Konsumentinnen und Konsumenten. Die Dorfkerne sind der Entleerung, dem wirtschaftlichen und sozialen Niedergang, dem Durchgangsverkehr preisgegeben, der öffentliche Raum verwahrlost. Einkaufen in kleinen Läden und zu Fuss ist passé, es dominiert das Gesetz der Bequemlichkeit, die Privatauto-Mobilität mit ihrem überproportionalen Flächen- und Umweltverbrauch.

In Glarus, der neuen Gemeinde in der Mitte, bestehend aus Netstal, Riedern, Glarus und Ennenda, fällt Riederns Wachstum auf: Von 2000 bis 2008 ist das Dorf um 17 Prozent auf 728 Einwohnerinnen und Einwohner angewachsen, es mausert sich zum Villenquartier der Hauptstadt. Auch Glarus und Netstal wachsen um neue Wohnquartiere an den Rändern. Ennenda dagegen schrumpft. Als Ganzes kann das neue Glarus aber auf die Stabilität seiner Rolle als Polit-, Verwaltungs- und Kulturzentrum zählen – was Bern für das Land, ist Glarus für den Kanton.

In Glarus Süd beginnt eine andere Welt. Hier wächst Schwändi als einziges Dorf und sogar am meisten von allen im Kanton: zwischen 2000 und 2008 um 17,2 Prozent, so sehr, dass die Alt- oder wenigstens Ältereingesessenen um das intakte Dorfleben fürchteten. Wie Riedern wird auch Schwändi auf seiner Geländeterrasse mehr und mehr zum gehobenen Wohnquartier von Schwanden, das seinerseits schrumpft. In Zahlen vielleicht Mikroverschiebungen, in einem aber nicht unbedeutend: Wenn sich über dem Talboden gelegene Siedlungen ausdehnen, überprägt dies das Landschaftsbild.

Auch ein Zug spielt dabei eine Rolle, der Glarner Sprinter. Eine gängige Rechnung der Raumplanung definiert das Gebiet im Umkreis von einer Zugstunde um das Zentrum als dessen Agglomeration. Seit der Einführung des Glarner Sprinters, des direkten Schnellzugs, reicht Zürich deshalb bis Schwanden. Ein Teil des Wachstums von Schwändi dürfte auf das Konto des Sprinters gehen, denn jeder neue Verkehrsträger lenkt die Besiedlung mit. Der Sprinter schafft zwar keine neuen Arbeitsplätze in Schwanden – aber endlich kann man bequem von Schwanden nach Zürich pendeln. Dasselbe gälte für die ersehnte Schnellstrasse.

Hinter Schwanden aber wird es kritisch. Ob Luchsingen, Braunwald oder Rüti, ob Engi oder Matt: Alle schrumpfen. Selbst die Tal-Endgemeinden Linthal und Elm, die mit einem grösseren Angebot an Läden, Restaurants und Freizeitanlagen noch immer einen Zentrumsanspruch haben, verlieren mit 10 bis 14 Prozent dramatisch an Einwohnern. Doch die Glarner Siedlungsverschiebungen belegen nur, was national gilt: Auf dem Immobilienmarkt zählt die Lage, die Lage und nochmals die Lage. Die Erreichbarkeit von grossen Zentren ist ausschlaggebend dafür, ob eine Region wächst oder schrumpft. Da hat Glarus Süd schlechte Karten.

Obwohl: Die Linearität der Täler wäre ideal für ihre effiziente Erreichbarkeit. Sie war es schon einmal: In der Mitte des 19. Jahrhunderts genügten die Linth und der direkte Ausgang, um Glarus zum stärkst industrialisierten Kanton anschwellen zu lassen. Selbst in entlegenen Dörfern in den Bergen wie Engi und Matt liessen sich Fabriken für Hunderte Arbeiterinnen und Arbeiter betreiben. Ein Betrachter notierte 1870, auf dem Höhepunkt der Herrlichkeit: «Wo auf dem ganzen Erdenrund finden wir ein fünf Stunden langes, an mancher Stelle zur Schlucht sich verengendes Berg- und Sacktal, das sich im Laufe eines Mannesalters aus einem armen Hirtenländchen zu einer fast zusammenhängenden Stadt mit 35 000 Einwohnern erhoben hat?»

Seither ist Glarus kein Bauernland mehr, und ein Emmental mit stolzen Höfen war es nie: zu karg, zu arm. Stattdessen bietet das Hinterland ein eigenwilliges Bild: eng und gebirgig, aber fabrikbestückt. Mit dem Niedergang der textilen Monokultur Ende des 19. Jahrhunderts scheint die Linth aber auch den Anschluss an die Modernität fortgeschwemmt zu haben. Man sucht den Faden. Die Fabrikensembles sind zwar noch immer so imposant wie landschaftsprägend, aber leerstehend missfallen sie den Einheimischen mehr und mehr. Die Umnutzung in schicke Industrielofts gelang bisher nur im Unterland – Stichwort Erreichbarkeit. Gebaut wird wenig und architektonisch Beachtliches noch weniger. Helle Köpfe zieht es «durusi», und je weniger von ihnen bleiben oder zurückkehren, desto breiter wird das Revier der Platzhirsche, die «einander noch das Kopfweh bei Föhn vergönnen», meint eine Bekannte.

Derweil ist längst neues nationales Interesse am Hinterland gewachsen: Ein Stromkonzern erweitert das Kraftwerk Linth Limmern, denn die Wasserkraft floriert als erneuerbare Energiequelle. Für Milliarden von Franken entstehen Seilbahnen, Röhren im Berg, Turbinen, wird ein Bergsee vergrössert. Hier wirtschaftet Glarus Süd erfolgreich mit seiner Topografie.

Die Tourismuswirtschaft hingegen kommt nicht vom Fleck. Es gibt kleine, ordentliche, günstige Hotels, die ihr Publikum finden. Manchmal machen grössere Hotelprojekte von sich reden, doch geraten sie ins Stocken, zu schwach ist offenbar das Vertrauen in ihren Erfolg. Elm und Braunwald konkurrieren mit ähnlichen Plänen: für den Winter mehr Skilifte auf die Hänge, für den Sommer Spassbauten wie Rodelbahnen auf die Geländeterrassen. Ausbau kann neue Massen locken, doch die Logik des Ausbaus verlangt immer mehr Ausbau, «mehr vom selben». Das schädigt auf Zeit die Landschaft und damit die Grundlage des Tourismus.

Der Erholungsraum in Glarus Süd ist noch vergleichsweise leer, die stolzen, eigenartigen Felswände, wie sie dieses Buch zeigt, sind nah. Für die Region könnte deshalb die umgekehrte Richtung reizvoll sein: ein Bergtourismus des «weniger von allem», der Leere als Stärke.

Das Glarner Nord-Süd-Gefälle: Der Druck zu Wachstum und Besiedlung nimmt ab von Norden nach Süden. Anderes nimmt zu: die Ratlosigkeit, was werden soll aus diesem Raum, diesen Dörfern. Aber auch: die Eigenständigkeit des Siedlungsbilds, weil es noch wenig verwischt ist. Die Präsenz der Landschaft. Die Freiräume. Und die Möglichkeiten, Fehler, die weiter vorn schon passiert sind, zu verhindern.

Nach vorn

Im Juli 2010 übergaben die alten Gemeindebehörden ihre Stäbe den neuen. Die Zeitung Südostschweiz Glarus ging ein letztes Mal bei den bisherigen Gemeindepräsidentinnen und -präsidenten vorbei: Was wünschen sie den neuen Gemeinden und ihren Dörfern darin? Skepsis herrscht vor statt Aufbruchlust. Ihre Dörfer stünden gut da, sagen sie, die Finanzen seien gesund, das Vereinsleben intakt, die Infrastrukturen gepflegt. Sie hegen Träume von Ausbau und Wachstum, wollen sich von der Grossgemeinde nicht einschränken lassen. Sie sorgen sich um die Nähe zu den Leuten, fürchten die neuen Distanzen. Das Dörflidenken bäumt sich auf: «Wir hätten diese Fusion nicht nötig gehabt», schliessen die meisten, und sicher werde nicht alles besser.

Was aber könnte anders, neu und besser werden? Die Glarnerinnen und Glarner haben sich in die einmalige Lage gebracht, einen ganzen Kanton neu denken zu können. Einen Kanton mit unbestimmter Zukunft: Wie umgehen mit dem rasanten Norden, dem stillen Süden? Ist Glarus noch der Landkanton, wie er sich in den Köpfen hält?

Fragen wir nach. 2005 verkartete eine Forschergruppe der ETH Zürich das Land neu. Im Kanton Glarus zeichnete sie ein «Städtenetz» von Bilten bis Linthal, den Rest malte sie braun an: «Alpine Brache», wartend auf bessere Zeiten. Auch das Bundesamt für Raumentwicklung vermisst neu: «Eine dynamische und solidarische Schweiz» heisst sein Kartenentwurf, betont antikonfliktiv. Der Kanton Glarus aber existiert darauf nicht: keine farbigen Linien und Flächen, die diesem oder jenem Gebiet eine Bedeutung zuwiesen. Eine einzige grüne Nummer verortet Glarus als «ländliches Zentrum». Mehr weiss das Bundesamt mit dem Kanton nicht anzufangen. 2009 gründete sich der Verein Metropolitanraum Zürich, acht Kantone, 236 Gemeinden wollen darin «Strukturen für eine bessere Zusammenarbeit im Wirtschaftsraum Zürich» schaffen. Selbst Muotathal ist dabei. Der Kanton Glarus aber: ein weisser Fleck. Er zählt nicht zum vom Bundesamt für Statistik definierten Metropolitanraum und war deshalb nicht zur Gründung eingeladen. Scharf schneidet die Kantonsgrenze das Glarnerland vom Vereinsgebiet ab.

Es gibt noch eine weitere Karte: Das «alternative Raumkonzept Schweiz» des Planungsbüros Metron von 2006. Noch immer und noch immer stark prägt die Schweiz ein Grundgedanke: die «Solidarität», wie es das Bundesamt ausdrückt – weniger nobel gesagt: das Begehren aller Regionen, auch der entlegensten, auf umfassende Existenz- und Wohlstandsgarantie. Doch ortet Metron ein Dilemma: Der Anspruch, landesweit denselben Lebensstandard zu bieten, und die Bemühungen, spezifische lokale Lebensqualitäten aufrechtzuerhalten, widersprechen sich. Stattdessen müsse jede Region ihre Zukunft aus ihren ureigensten Möglichkeiten, ihren Stärken und Kräften schöpfen. Unterschiede statt Überallales.

Doch im Rahmen von Föderalismus und Finanzausgleich greift die Schweiz zu immer aufwendigeren Massnahmen, um Unterschiede auszubügeln, aus denen die Regionen Kraft schöpfen sollen. Es ist paradox: Der Ausgleich fördert nicht die Eigenständigkeit, sondern die Abhängigkeit. Wer alles überall gleich macht, entzieht den Wurzeln vor Ort den Saft.

Das kleine Glarus ist ein grosser Empfängerkanton. Der politische Föderalismus schenkt ihm in Parlament und Volksabstimmungen überproportionales Gewicht. Der finanzielle Föderalismus versorgt es mit Geld, um die Unbill seiner topografisch-geografischen Winkellage erträglich zu machen. Nehmen, ja – aber geben? Darin ist der Kanton weniger gut. An Montagen nach Volksabstimmungen zeigen die Karten den tiefen Graben zwischen Stadt- und Landkantonen. Statt ihren Anliegen entgegenzukommen, schottet sich auch Glarus meist von jenen ab, die es zahlenmässig überstimmten, gäbe es nicht den politischen Ausgleich.

Nehmen versteht das Glarnerland auch grosszügig, wenn es Entwicklungen zulässt, die die geografisch-topografischen Kosten noch in die Höhe treiben. Etwa wenn, wie erwähnt, ausgerechnet vom Talboden abgehobene Siedlungen wie Schwändi wachsen. Wenn keine Alternative gesucht und gefördert wird zum boden- und energieverschleissenden Einfamilienhaus. Immobilienexperten warnen längst: Einfamilienhausquartiere an Randlagen werden zu Brachen, sobald die Mobilitätskosten steigen. Oder wenn die wahren Kosten für deren Erschliessung mit Strasse, Strom und Wasser endlich die Verursacher, also die Hausbesitzer, tragen müssen.

Zudem tickt im Kanton eine zweite Zeitbombe: Die Glarnerinnen und Glarner verbrauchen 10 Prozent mehr Energie als der Landesdurchschnitt – wegen ihrer langen Wege, aber auch, weil ihre Häuser überaltern: Fast 40 Prozent aller Gebäude wurden vor 1919 erbaut, nur gerade die Hälfte aller Bauten wurden in den letzten vierzig Jahren einmal saniert. Will der Kanton Glarus den Anschluss an energieschonendere Zeiten nicht verlieren, warten hier gewaltige Investitionen.

Wohin?
Ansatzpunkte für Richtungswechsel gibt es also: Das Nord-Süd-Gefälle, das auf eine produktive Deutung wartet. Die Dominanz des Privatverkehrs mit seinem Umweltverschleiss. Das land- und energiefressende Einfamilienhaus. Die darbenden Dorfkerne. Die energetische Zeitbombe des Gebäudebestands. Das Selbstverständnis als Landkanton, während Teile davon verstädtern. Die Kartierung als blinder Fleck in der nationalen Raumplanung. Die wachsende wirtschaftliche Abhängigkeit von den Zentren bei erstarkender politischer Abschottung – zwei Zustände, die nicht zusammenpassen wollen.

Hinein oder hinaus, hinab oder hinauf – zu welcher Richtung neigt die Glarner Zukunft? Das hängt wesentlich an einer Frage: Wie eigenständig ist Glarus – wie eigenständig kann ein Kleinkanton heute noch sein? In vielen Bereichen, ob Wirtschaft oder Bildung, sind Zusammenarbeit und Zusammenschluss nötig und zukunftsweisend. Auch in der Raumentwicklung ist die Kantonsgrenze eine überholte Trennlinie, gilt es, eine neue Rolle in neuen, grösseren Zusammenhängen zu suchen – was gerade nicht Gleichmacherei meint. Wer aber auf der Hauptstrasse, den Gewerbe- und Einkaufszentren entlang, durch Glarus Nord fährt, kommt zum Schluss: Solange die Glarner Gemeinden dasselbe wollen, was alle wollen, sieht es auch je länger, desto mehr aus wie bei allen.

Das kantonale Raumentwicklungs- und Baugesetz besagt: Der Kanton muss «die Schönheit und Eigenart des Glarnerlandes zur Unterstützung der emotionalen Bindung der Menschen an ihre Heimat erhalten».

Schönheit und Eigenart? Kehren wir zurück, tausend Meter höher, zu den Felswänden. Die Fotografien in diesem Buch zeigen spezifisch Glarnerisches. Schiefer und Kalk, Verrucano und Flysch, zu Feldern geglättet, zu Bändern gepresst, zu Türmen zugespitzt, dieses Gefels – wo sind seine Gegenstücke im «Darunter», im Tal, in der menschgeprägten Landschaft? Die Suche danach lohnt sich. JUNI 2010

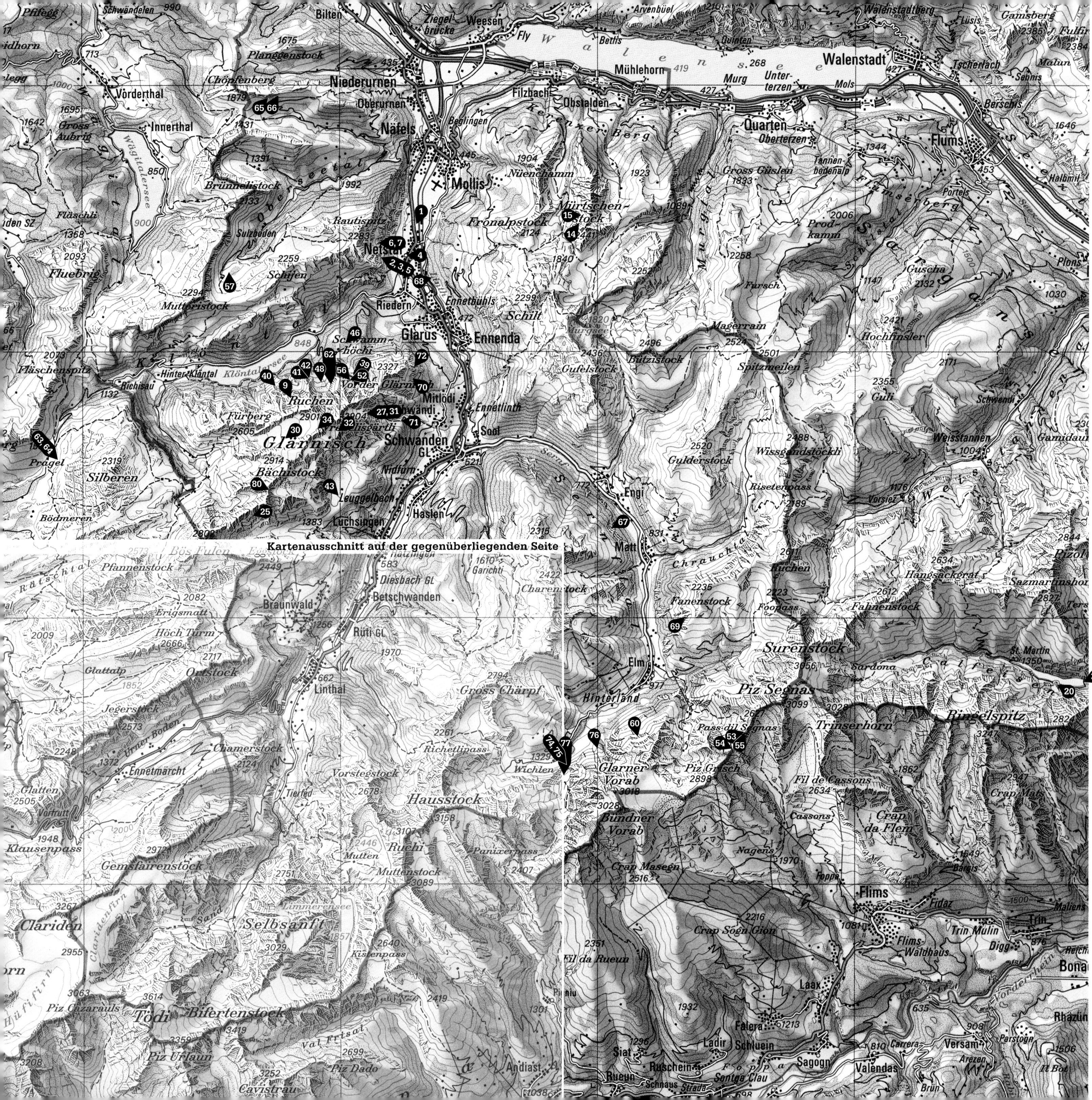
Kartenausschnitt auf der gegenüberliegenden Seite
Walensee
Walenstadt
Weesen
Niederurnen
Näfels
Mollis
Netstal
Glarus
Ennenda
Riedern
Mitlödi
Schwanden
Engi
Matt
Elm
Linthal
Braunwald
Flums
Flims
Glärnisch
Klöntalersee
Mürtschenstock
Fronalpstock
Hausstock
Tödi
Piz Segnas
Ringelspitz
Surenstock
Klausenpass
Pragel

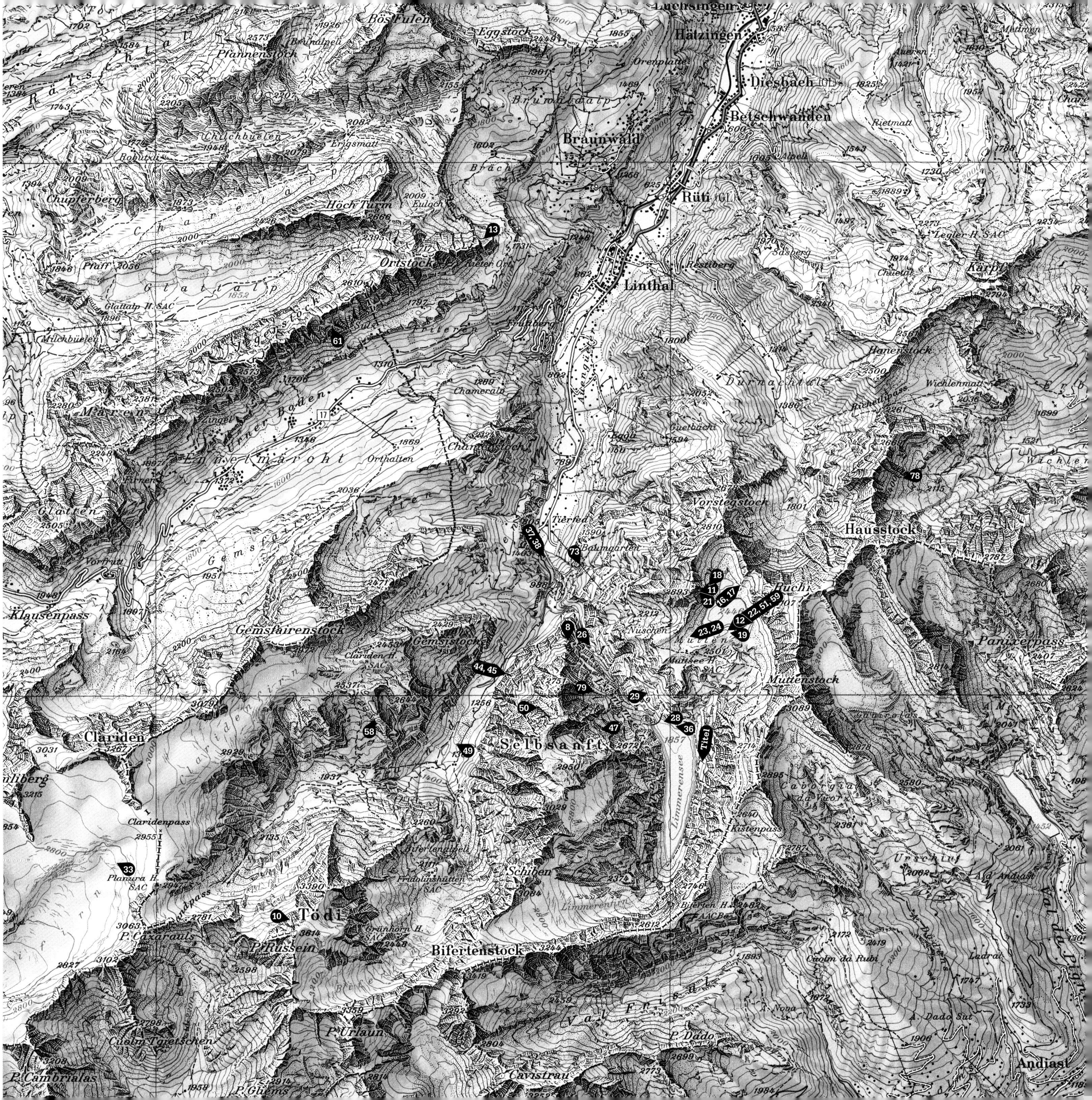
Braunwald
Linthal
Rüti (GL)
Betschwanden
Diesbach (GL)
Hätzingen
Luchsingen
Klausenpass
Clariden
Claridenpass
Planura H. SAC
Tödi
P. Russein
Bifertenstock
Selbsanft
Gemsfairenstock
Gemsistock
Claridenhütte SAC
Ortstock
Höch Turm
Chupferberg
Glattalp
Glattalp H. SAC
Urner Boden
Ennetmärcht
Gemsfairen
Tierfed
Baumgarten
Nüschen
Muttsee H. SAC
Muttenstock
Vorstegstock
Hausstock
Panixerpass
Kistenpass
Limmerensee
Limmerenfirn
Schiben
Fridolinshütten SAC
Grünhorn H. SAC
Bifertenalpeli
Legler H. SAC
Richetlipass
Durnachtal
Hanenstock
Wichlenmatt
Andiast
Val da Pigniu
P. Urlaun
P. Dado
Cavistrau
Cuolm Tgietschen
P. Cambrialas
P. Cazarauls
Val Frisal
Orthalten
Chameralp
Fruttberg
Pfannenstock
Eggstock
Brunalpeli
Orenplatte
Restiberg
Chüetal
Sasberg
Gemsstock
Zingel
Vorfrutt
Glatten
Milchbüeten
Chlichbüelen
Erigsmatt
Robutzli
Eulochi
Titel

Bildlegenden

Alle Bilder sind zwischen 1991 und 2010 entstanden. Sie zeigen Ansichten in den Glarner Alpen zwischen 400 m ü. M. und 3600 m ü. M. Aufgrund der Glarner Hauptüberschiebung wurde ein Teilgebiet davon 2008 ins UNESCO-Weltnaturerbe aufgenommen.

1 Netstal (450 m ü. M.). Rechts die untersten Wände des Wiggis (2300 m ü. M.). Hinten Wände des Glärnisch (2900 m ü. M.). Auffällig geschichtete, nach Norden abfallende Kalkschichten. 2009

2 Wiggis-Wand, «Lichbritter». Die leicht verwitternden Mergel schaffen grosse «Böden» mitten in den steilen Kalkwänden – von unten kaum zu sehen. 2010

3 Wiggis-Wand, «Lichbritter». 2010

4 Kirche Netstal, Wiggis-Wand. 2009

5 Wiggis-Wand, «Trosegg». 2006

6 Wiggis-Wand unterhalb «Höchnase». 2006

7 Wiggis-Wand. Oben, zurückgesetzt und besonnt: Aufbau zum Wiggis-Gipfel (2282 m ü. M.). Sichtbar nur die witterungsbeständigen Quintnerkalk-Wände, perspektivisch wie aufeinandergeschichtet. 2006

8 Selbsanft, «Turm». Unterer und Oberer Quintnerkalk sowie Korallenkalk, innerlich durchzogen von Karsthöhlen. 2009

9 Ruchen-Wand im Klöntal. Oben links wild eingewickelte, geschieferte Orbitolinenschichten zwischen Oberem und Unterem Schrattenkalk. 2008

10 Tödi-Westwand, Piz Russein (3614 m ü. M.), «Chli Tödi». Quintnerkalk von den Firnfeldern am Wandfuss bis zum vergletscherten Deckel. Der «Chli Tödi» (unten rechts) sitzt auf dem kristallinen Sockel des Aarmassivs und zeigt eindrücklich die untersten Schichten des autochthonen Sedimentmantels. 2008

11 Beim Muttsee. Blick Richtung Nüschenstock. 2008

12 Muttsee. Blick Richtung Wandfuss des Ruchi. 2009

13 Ortstock-Ostgrat mit «Tüfels Chilchli» (1830 m ü. M.) links unten. Auf dem Lias und dem steilen Schiltkalk die mächtigen senkrechten Pakete von Unterem und Oberen Quintnerkalk bis zum Gipfel – wie von einem Schneepflug aufgeschichteter Meeresboden. 2010

14 Mürtschen-Westwände. Im Vordergrund Südwand des Ruchen (2441 m ü. M.) aus dicken, steil gestellten Quintnerkalk-Paketen. Fulen und Stock haben einen Gipfelaufbau aus stark angewittertem Öhrlikalk, durchsetzt mit weichem Mergel. 2010

15 Mürtschen. Zwischen Fulen und Ruchen eingeklemmt Korallenkalk und Zementsteinschichten. 2010

16 Muttsee, Hintersulzhorn (2738 m ü. M.). Die hohe Verwitterungsanfälligkeit des Flysch ermöglicht die sanften Landschaftsformen, die teilweise Wasserundurchlässigkeit die Bildung von Karseen. Die fast senkrecht aufgestellte Bank aus Taveyannaz-Sandstein des Hintersulzhorns hat der Verwitterung getrotzt. 2008

17 Muttsee, am Oberen See. 2008

18 Muttsee beim Oberen See. Aufnahme Richtung Südwesten zum Muttenwändli. 2008

19 Beim Muttsee, «Hüenderbüel». Flysch – insbesondere der brüchige Schiefer – verwittert sehr leicht und ist der Bodenbildung förderlich. 2008

20 Calfeisental. Galerie am Gigerwaldsee (1335 m ü. M.) unter dem Ringelspitz. Stark belasteter autochthoner Sedimentmantel des Aarmassivs, wie auf der Glarner Seite am Fuss des Tödi. 2009

21 Nüschenstock. Typisch für Flysch: Wechsel von Schiefer und Sandstein: Dachschiefer im Vordergrund, Taveyannaz-Sandstein, hell und steil abfallend im Mittelgrund. 2008

22 Beim Muttsee, «Hüenderbüel». 2008

23 Beim Muttsee, hinter der Muttseehütte. 2009

24 Hinter der Muttseehütte. Der druckresistente Sandstein im Mittelgrund und der brüchige Schiefer verwittern unterschiedlich. 2008

25 Glärnisch. Bächigrat im Bösbächital. Die fast senkrecht einfallenden Kalksteinschichten wittern entlang der Schichtung ab und erwecken so den Anschein von Schiefer. 2008

26 Limmerntobel. Der Limmernbach hat es in all den Jahrtausenden nicht geschafft, den gewaltigen Mantel von Quintnerkalk bis zum Kristallin einzuteufen. 2008

27 «Südgletscher» unter dem Vrenelisgärtli. Ein Gletscherrest, der durch die «Chanzle» gegen Südeinstrahlung geschützt ist und sich zwischen 2600 m ü. M. und 2300 m ü. M. erstreckt. 2009

28 Limmernsee-Staumauer, Ochsenplanggen. Die Stollenausgänge fallen genau in das Mergelband zwischen Oberem und Unterem Quintnerkalk. 2008

29 Limmerntobel, Ochsenplanggen (1980 m ü. M.). Der Untere Quintnerkalk ist in der Regel weniger stark gebankt als der Obere – hier stark verfaltet und zerrissen. 2008

30 Glärnischfirn. Er reicht von 2900 m ü. M. bis 2320 m ü. M. 2009

31 Gletscherzunge bei der «Chanzle» (2380 m ü. M.) unterhalb des Vrenelisgärtli. 2009

32 Glärnisch-Südgletscher, Guppenfirn. Er reicht von 2700 m ü. M. bis ca. 2430 m ü. M. 2009

33 Hüfifirn. Aufnahme von der Planurahütte (2947 m ü. M.) Richtung Chammlihoren. Im Vordergrund der Abriss ins grosse Windloch. 2008

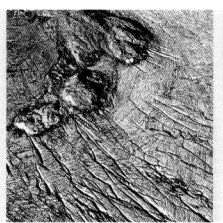

34 Glärnisch-Firn, auf 2800 m ü. M. 2009

35 Gigerwaldsee-Staumauer im Calfeisental. 2009

36 Limmernsee-Staumauer. An dieser Stelle befand sich um 1960 beim Bau des Kraftwerks der «Wohnblock» der italienischen Gastarbeiter. Heute Baustelle von «Linthal 2015». 2009

37 Linthschlucht (800 m ü. M.). Sie liegt wie das Limmerntobel vollständig im Quintnerkalk und hat keine «Fenster» ins Kristallin. 2005

38 Linthschlucht. Stauwehr hinter Wildwüeschtibach. 1991

39 Vrenelisgärtli-Nordwände, im Vordergrund Gleiter. Die hellste Schicht ist Seewerkalk, darüber liegen Kiesel- und Schrattenkalk. 1997

40 Ruchen Glärnisch, Nordwände. 2002

41 Glärnisch, Nordwand im Klöntal, «Darliegg». 2002

42 Glärnisch, Nordwand im Klöntal, «Darliegg». 2002

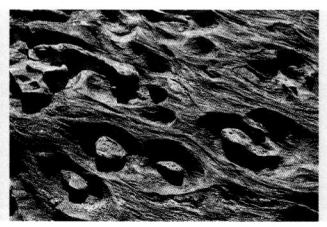

43 Auffällige Strukturen im Dogger am Oberblegisee. 1993

44 Selbsanft. Nordwestwand auf Höhe «Vorder Läger». 2009

45 Vgl. 44, aus anderer Perspektive. 2009

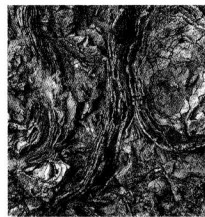

46 «Austernkalk» auf der Schwammhöhe (1100 m ü. M.). Kluftmineralien, kaum Versteinerungen. 2002

47 Selbsanft-Ostwand, Gemsalpeli. 2009

48 Viehtrieb auf Vorderschlatt Mittelstaffel Richtung «Ahoren» (1450 m ü. M.). 1997

49 Bergsturz vom Zuetribistock auf das Gebiet zwischen Vorder und Hinter Sand vom Januar und März 1996. Rund 3 000 000 m³ Gestein verschütteten mehrere Hektaren Wald und Weide und schütteten das Bachbett auf 500 m Länge zu. 2009

50 Spitzen am mittleren Selbsanft. Die Verwitterungsformen, «Mannen» genannt, entstanden durch Spaltenfrost und Winderosion. 2009

51 Beim Muttsee, «Hüenderbüel». 2009

52 Glärnisch Nordwand. Schafabtrieb vom Gleiter auf das vordere Schlattalpeli. Der Weg verläuft im Schiltkalk über den steilen Doggerwänden und unter den noch steileren Quintnerkalk-Wänden. 1996

53 Tschingelhoren (2743 m ü. M.) mit Martinsloch. Deutlich ist die Trennlinie der Glarner Hauptüberschiebung sichtbar: unten der Schubspan aus Korallenkalk, oben der viel ältere, von Süden darüber geschobene Verrucano-Deckel, dazwischen die nur zentimeterdicke Gleitschicht aus Lochsitenkalk. 2010

54 Tschingelhoren, vgl. 53. 2010

55 Tschingelhoren. Der «Pilz» nordwestlich über dem Martinsloch ist die Schlüsselstelle bei der Überschreitung der Tschingelhoren. 2010

56 Glärnisch-Nordwand. Schafabtrieb vom Gleiter zum Vorderen Schlattalpeli. Vgl. 52, Aufnahme in der Gegenrichtung. 1997

57 Lachenalp im Oberseetal, «Nassberg». Schottlandcharakter: Gletscherschliff schuf sanfte Landschaften und einen mittlerweile als Flachmoor verlandeten Karsee. 1993

58 An den Wänden des Beggistocks und des Zuetribistocks im Gebiet von Obersand. 1995

59 Beim Muttsee, «Hüenderbüel». 2008

60 Mittagshorn-Nordwand, Unter Schüpfen (1650 m ü. M.). Flysch verwittert schnell und stark. 2009

61 Jägerstöck-Südwand, Urnerboden. Kalk bildet steile Wände. 2009

62 Schafe auf Vorderschlatt im Klöntal. 1996

63 Pragel Passhöhe (1545 m ü. M.), «Chalberloch». 2007

64 Pragel Passhöhe (1545 m ü. M.), «Chalberloch». Schratten im Korallenkalk – klare Formen von Oberflächenkarst. 2007

65 «Chöpfen» am Brüggler (1711 m ü. M.). Schrattenkalk mit zum Klettern geeigneten Kleinformen der oberflächlichen Verwitterung, «Sanduhren» und Längsrillen. 2010

66 Brüggler (1711 m ü. M.). Einladend zum Sportklettern. Am rechten Bildrand der obere Ausgang des «Föhrenwegs». 2010

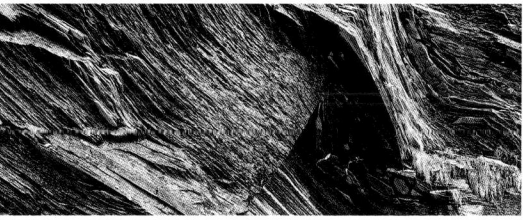

67 Bergwerk Landesplattenberg Engi. Hier wurde bis in die Mitte des letzten Jahrhunderts Schiefer abgebaut. 1992

68 Steinbruch am Elggis (500 m ü. M.) bei Netstal, Kalk-Abbau. 2009

69 Fahnenstock-Westwand. Der Flysch – Wechsel von Schiefer und Sandstein – erreicht hier eine Mächtigkeit von einem Kilometer. 2009

70 Vorder Glärnisch-Südostwand mit Chuchispitz in der Sonne. 2002

71 «Mittler Guppen» (1230 m ü. M.), Glärnisch-Südostwand zum «Höchtor». 2006

72 Die Nordostwand des Vorder Glärnisch erhebt sich über dem Ort Glarus. Oben links die «Drei Schwestern». 2002

73 Lawine von Nüeschenegg über «Chalchtrittli», «Abedweid» und «Schwamm» Richtung «Wildwüeschti» ins Tierfed. 2009

74 Vorab, Wände auf «Unter Jetz» im «Chummet» (1350 m ü. M.). 2006

75 Vgl. 74. 2006

76 Vorab, Wand zwischen Schluchrus und Chellenrus. 2009

77 Vorab, Wand im «Jetzloch» (1330 m ü. M.). 2009

78 Wichlenalp, Leiterberg. Harte Übergänge von Flysch (Taveyannaz-Sandstein), Lochsitenmylonit und gelegentlich Hütchen von Verrucano. 2009

79 Limmerntobel, aufgenommen über dem Selbsanft. Oben rechts ist die Staumauer angeschnitten. 2010

80 Rad (2661 m ü. M.) im Glärnischmassiv. 1995

Titelbild Limmernboden mit Limmernstausee. Links die Wände zum Kistenpass. Kistenstöckli (2745 m ü. M.). Vorne der Weg durch das «Blau Band». 2008

Bildtitel der Werkgruppen

1 Netstal, 2009
2 Wiggis/Glarus 1, 2010
3 Wiggis/Glarus 2, 2010
4 Netstal, Kirche, 2009
5 Wiggis/Glarus 6, 2006
6 Wiggis/Glarus 2, 2006
7 Wiggis/Glarus 3, 2006
8 Selbsanft, 2009
9 Ruchenwand, Klöntal, 2008
10 Tödi Westwand, Piz Russein, 2008
11 Mutten, Nüschenstock, 2008
12 Muttsee 1, 2009
13 Ortstock, Braunwald, 2010
14 Mürtschenstock Westwand 1, 2010
15 Mürtschenstock Westwand 2, 2010
16 Muttsee, Hintersulzhorn, 2008
17 Muttsee, oberer See 1, 2008
18 Muttsee, oberer See 2, 2008
19 Beim Muttsee 1, 2008
20 Gigerwald, Calfeisental, 2009
21 Nüschenstock, 2008
22 Beim Muttsee 2, 2008
23 Muttenrocks, 2009
24 Muttenrocks, 2008
25 Bächigrat, 2008
26 Limmerntobel, 2008
27 Glärnisch-Südgletscher, Chanzle 1, 2009
28 Limmern, Ochsenplanggen, 2008
29 Limmerntobel Nordwand, 2008
30 Glärnischfirn 1, 2009
31 Glärnisch-Südgletscher, Chanzle 2, 2009
32 Glärnisch-Südgletscher, Guppenfirn, 2009
33 Hüfifirn, 2008
34 Glärnischfirn 2, 2009
35 Staumauer Gigerwald, 2009
36 Staumauer Limmernsee, 2009
37 Linthschlucht, 2005
38 Linthschlucht, 1991
39 Gleiter, Vrenelisgärtli Nordwände, 1997
40 Ruchen Glärnisch, Nordwände, 2002
41 Glärnisch Nordwand, Darliegg 1, 2002
42 Glärnisch Nordwand, Darliegg 2, 2002
43 Dogger am Oberplegisee, 1993
44 Selbsanft Nordwestwand 1, 2009
45 Selbsanft Nordwestwand 2, 2009
46 Austernkalk, Schwammhöhe, 2002
47 Selbsanft, Gemsalpeli, 2009
48 Viehtrieb auf Alp Vorderschlatt 1, 1997
49 Bergsturz Hintersand, 2009
50 Selbsanft, die Mannen, 2009
51 Beim Muttsee 1, 2009
52 Schafabtrieb am Gleiter, Vrenelisgärtli 2, 1996
53 Tschingelhoren mit Martinsloch, Elm, 2010
54 Tschingelhoren, Elm, 2010
55 Tschingelhoren mit Pilz, Elm, 2010
56 Schafabtrieb am Gleiter, Vrenelisgärtli 1, 1997
57 Lachenalp, Oberseetal, 1993
58 Obersand, Beggistock, 1995
59 Beim Muttsee 3, 2008
60 Mittagshorn Nordwand, Elm, 2009
61 Jägerstöck Südwand 1, 2009
62 Auf Alp Vorderschlatt, Klöntal, 1996
63 Pragelpass, Chalberloch 1, 2007
64 Pragelpass, Chalberloch 2, 2007
65 Brüggler, Chöpfen, 2010
66 Brüggler 1, 2010
67 Schiefer im Landesplattenberg Engi 1, 1992
68 Steinbruch am Elggis, Netstal, 2009
69 Fahnenstock Westwand, 2009
70 Vorder Glärnisch Südostwand, 2002
71 Mittler Guppen, Glärnisch, 2006
72 Vorder Glärnisch Nordostwand, 2002
73 Chalchtrittli, Tierfehd, 2009
74 Vorab 1, 2006
75 Vorab 2, 2006
76 Vorab, Chellenrus, 2009
77 Vorab, Jetzloch, 2009
78 Leiterberg, Wichlenalp, 2009
79 Vom Selbsanft ins Limmerntobel, 2010
80 Rad Glärnisch, 1995
Titelbild Limmernsee, Kistenstöckli, 2008

Biografien

Fridolin Walcher, geboren 1951, ist in Braunwald GL aufgewachsen. Er lebt in Nidfurn im Glarner Hinterland und ist seit 1991 freiberuflich tätig im Bereich Kommunikations- und Industriefotografie. Daneben arbeitet er an freien Ausstellungsprojekten, Werkaufträgen und Büchern wie «Glarus – einfach» (1994), «Mitten in der Zukunft» (1998) und «In der Lebensmitte» (2007). Zuletzt erschienen: «Von Glarus nach Belo Horizonte» (2007). www.fridolinwalcher.ch

Otto Brühlmann wurde 1928 in Sax im Rheintal geboren und ist in St. Margrethen aufgewachsen. Nach Wanderjahren in Frankreich, Spanien und Deutschland war er von 1956 bis 1993 Lehrer im Glarner Sernftal. Neben Feuilletontexten und Stücken für die eigene Theaterarbeit mit Jugendlichen schrieb er u. a. den Text für «Glarus – einfach» (1994) sowie «Grenze – Eine Geschichte» (2009).

Nadine Olonetzky, 1962, schreibt als freie Autorin u. a. für die «NZZ am Sonntag» sowie Beiträge zu Fotografie, Kunst und Kulturgeschichte für Bücher und Kataloge. Sie ist Lektorin und Autorin im Verlag Scheidegger & Spiess und Mitglied der Ateliergemeinschaft «kontrast» in Zürich.

Rahel Marti, 1976, ist in Matt GL aufgewachsen. Die ausgebildete Architektin ist leitende Redaktorin der Zeitschrift «Hochparterre» und schreibt für diverse Fachzeitschriften und Zeitungen zu den Themen Planen, Bauen und Gestaltung. Sie lebt in Zürich und wenn immer möglich in den Glarner Bergen.

Dank

Fotograf, Autoren und Verlag bedanken sich für die grosszügige Unterstützung:

SWISSLOS Lotteriefonds Kanton Glarus
Lotteriefonds Kanton Glarus

MIGROS kulturprozent
Migros Kulturprozent

Stiftung Gartenflügel, Ziegelbrücke

Sandoz-Familienstiftung, Pully

Stiftung Anne-Marie Schindler, Ennenda

Garbef-Stiftung, Glarus

Kraftwerke Linth-Limmern AG

GRB Glarner Regionalbank
GRB Glarner Regionalbank, Schwanden

HELI-LINTH
Heli-Linth AG, Mollis

ILFORD
Ilford Imaging Switzerland GmbH, Marly

KFN Kalkfabrik Netstal AG
www.kfn.ch
Kalkfabrik Netstal AG

PROFOT
Profot AG, Baar

Sonne elm Gasthaus
Gasthaus Sonne, Elm

Dölf Rüesch, Schwanden

Annemarie und Anders Holte, Reichenburg

Die Hinweise zur Geologie der abgebildeten Felsen verdanken wir Steve Nann aus Niederurnen GL, der uns mit seinem geologischen Wissen und seiner Leidenschaft für die Glarner Bergwelt unterstützt hat.

Die Fotografien wurden analog auf verschiedene Negativformate mit Ilfordfilmen aufgenommen, alle quadratischen Aufnahmen mit der Hasselblad 500C, die doppelseitigen mit der Hasselblad XPAN und die restlichen mit Mamiya RB67 und Nikon F4. Sie sind im Buch ohne Beschnitte abgebildet. Die Laboratorium Media AG scannte die Negative ein und bearbeitete sie nach Vorgaben des Fotografen. Für die Reproduktion der Bilder wählte die dfmedia einen autotypischen Raster und druckte sie im Duplexverfahren. Neben einer grauen Buntfarbe wurde ein Bilderdruckschwarz verwendet. Die Schwarzanteile der Bilder sind partiell drucklackiert. Wir bedanken uns bei Ursula Heidelberger und Sabine Wagner von der Laboratorium Media AG sowie bei Walo Rüthemann von dfmedia für ihre sorgfältige Arbeit.

Vorzugsausgabe

«Vertikale Ebenen» ist auch als exklusive, auf 45 Exemplare limitierte Vorzugsausgabe erhältlich, nummeriert und signiert, in einer kunsthandwerklich gestalteten Schachtel mit einer Abdeckung aus Glarner Schiefer, zusammen mit einem signierten und nummerierten Silver Gelatine Print auf Ilford Warmtone Baryt Paper (Bild 6, 12 oder 33). Informationen und Bestellung: www.helden.ch

Impressum

Lektorat: Katharina Blarer, Zürich
Scans und Bildbearbeitung: Laboratorium Media AG, Zürich
Gestaltung: Bernet & Schönenberger, Zürich
Druck: dfmedia, Flawil

Fotografien: 2010 © Fridolin Walcher, Nidfurn
Texte: 2010 © bei den Autoren

ISBN 978-3-905748-07-9

Helden Verlag, Zürich 2010
www.helden.ch

Helden ist eine Marke der Büchermacher GmbH:
www.diebuechermacher.ch